# 해의 양심과 달의 양심

도덕성, 준법성, 그리고 정의감의 심리학적 토대들

머레이 스타인 지음

박재주 옮김

# 해의 양심과 달의 양심

도덕성, 준법성, 그리고 정의감의 심리학적 토대들

머레이 스타인   지음

박재주   옮김

철학과현실사

# Solar Conscience Lunar Conscience

*An Essay on the Psychological Foundations*
*of Morality, Lawfulness, and the Sense of Justice*

by Murray Stein

Korean translation copyright © 2008 by Chulhak Kwa Hyunsil Sa Publishing Co.
Korean edition is published by arrangement with Chiron Publications
through Duran Kim Agency

이 책의 한국어판 저작권은 듀란킴 에이전시를 통해
Chiron Publications 와의 독점계약으로 철학과현실사에 있습니다.
저작권법에 의해 한국 내에서 보호를 받는 저작물이므로
무단전재와 무단복제를 금합니다.

# 옮긴이의 글

양심(良心)은 삶의 문제를 해결하는 마지막 보루와 같은 것이다. 아무리 힘든 문제도 자신의 양심에 맡긴다면 해결이 가능할 것이다. 양심이 없는 사람은 인간이 되기 힘들다. 에리히 프롬(Erich Fromm)은 양심이 있지 않았다면 인간은 위험한 길을 가다가 수렁에 빠져들고 말았을 것이라고 하였다.

최근 우리 사회에서 사라져가고 있는 말들 중 하나가 '양심'이라는 말인 것 같다. 양심을 지니기는커녕 그것을 머리에 떠올리는 사람도 많지 않을 것이라고 생각한다. 도덕의 근본인 양심이 사라지고 있는 마당에 도덕이 있을 리 만무하다. '양심(conscience)'이라는 말 자체는 '함께 안다'라는 의미를 지닌다. 즉, 그것은 모든 사람들이 함께 가지는 지적 분별을 뜻한다. 그것은 단순한 지적 분별이 아니라 누구나 옳음과 그름, 선과 악에 대해서 안다는 뜻으로, 인간 공유의 윤리의식을 말하는 것이다.

최근 역자는 양심과 도덕을 조금도 가지지 못한 인간들을 주변에서 만나면서 인간에 대한 너무나 부정적인 생각을 하기 시작했다. 도덕을 가르치는 교수들마저 어처구니없게도 나쁜(evil) 일들을 저질러놓고 반성은 고사하고 변명 한마디 없이 아무 일도 없었다는 듯 전혀 반응을 보이지 않는 모습을 보면 정말 서글프다. 결국 짐승을 때려서 길들이는 것과 같이 법의 몽둥이를 들지 않을 수 없게 한다. 몽둥이로 효과를 거둔다면 도덕교육은 이미 그 존재이유를 상실했을 것이다. 더욱이 교사들을 가르치는 윤리 교수들이 그 정도라면, 더욱이 그런 사람들이 도덕 교과서를 집필한다면, 더 이상의 말은 하기도 아까울 것이다. 몽둥이마저 제대로 효과를 나타낼지 의심스럽다. 양심과 도덕이 사라지는 사회에서 그것들을 바탕으로 삼는 법마저 제대로 적용될지 의심스럽고, 적용되더라도 그 몽둥이의 아픔을 느낄 수 있을지 정말 궁금하다.

이 엄청난 상황을 계기로 역자는 '양심이란 도대체 무엇인가?'에 더 많은 관심을 가지기 시작했다. 양심에 대한 새로운 관점을 가지게 되었고, 마침내 이 책을 번역하여 출판하게 되었다. 양심은 맹자(孟子)의 생각처럼 사람이면 누구나 가지고 태어나는 '선천적인 마음'도 아니고, 기독교에서 말하듯이 인간의 행위를 힐책하거나 칭찬하는 하느님의 심판의 목소리도 더 이상 아니라고 생각한다. 그렇다고 해서 양심을 인간 이성의 한 기능으로 파악하는 칸트의 관점을 수용할 수도 없다. 그는 양심을 인간 자신의 생각들이 그 앞에서 고소되기도 하고 변호되기도 하는, 인간 내면의 법정으로 정의하기도 하고,

모든 인간은 양심을 가지고 있으며, '내적 재판관(ein innerer Richter)'을 통해 자신이 감시를 받기도 하고 위협을 받기도 하며 나아가 자신이 존경을 받고 있다는 점도 알아차린다고 주장하였다. 양심에 관한 그의 관점을 수용할 수 없는 것은 다음과 같은 점 때문이다. 즉, 그에게 있어 양심은 습득되는 것이 아니고 모든 사람들이 자기 내부에 선천적으로 가지고 있는 것이다. 양심의 힘은 인간 내부에서 스스로 성장하는 것이며 그림자처럼 인간을 따라다니며, 그래서 인간은 양심의 두려운 목소리를 항상 듣게 되는 것이며 피할 수 없다는 것이다. 결국 양심적이지 않음은 양심이 없다는 것이 아니라 양심의 목소리에 귀를 기울이지 않는다는 것이다.

결국 역자는 양심에 관한 심리학적인 관점과 하이데거의 실존철학적 관점을 받아들이게 되었다. 전자를 받아들이게 된 계기가 바로 이 책이었다. 20세기에 실증적인 과학정신이 급속하게 발달하면서 인간성 속에 절대윤리의 근거가 될 만한 선천적 보편적 양심이 있다는 관점들은 비판을 받기 시작했다. 특히 정신분석학은 이성이나 양심의 선천성과 절대성을 부인하기 시작했다. 프로이트(Sigmund Freud)는 양심이 선사시대에 흔했다는 부친살해와 근친상간에 대한 후회와 자책에 기인하는 것으로 주장했다. 그것은 선천적인 심리가 아니라 공포와 미신에 입각한 관습에서 생긴 것이다. 양심은 본래 타인에게 향하던 잔인한 공격욕의 충동이 하나의 반동심리의 메커니즘을 거쳐 자기 자신에게 방향을 돌린 것이다. 그것은 원래 반동심리이기 때문에 충동적이고 비합리적인 것이다. 인간은 충동에 의해 지배되는 존재로 선천적으로 선한 본성은 없으며, 사회가 인간의 충동을 억제하고 교화시킬 경우에 문화적으로 세련된 존재로 될 수 있다는 것이 프로이트의 인간관이다. 그에 의하면, 양심이라는 것도 인간에게 선천적으로 주어지는 것이 아니라 사회규범이 개인에 일방적으로 투사된 결과인 것이다. 그는 인간의 모습을 현실(이드)과 이상(초자아) 사이에서 갈등하는 자아로 그린다. 이드가 인간 본능의 욕구라면 그것에 반하는 것이 인격에서 기능해야 한다. 이드와 자아만이 존재한다면 인간은 동물과 다를 바가 없을 것이기 때문이다. 이드(욕구)에 반하는 것이 초자아이다. 그것은 자아-이상(self-ideal)과 양심으로 나누어진다. 자아-이상이란 아이가 부모가 자기에게 바라는 방향으로 스스로를 동일시해 나가면서 부모의 기준에 어울리는 가치관을 세우는 것을 말한다. 양심은 부모의 권위나 명령에 대한 복종에서 나오는 것이다. 그것은 부모의 명령에 복종함으로써 불복종하였을 때 있을 수 있는 처벌을 피하려고 하는 마음에서 생겨나는 것이다. 프로이트는 양심을 다음과 같이 직접 정의한다. 즉 "나는 내 안에서 나에게 기쁨을 가져다줄 것이 틀림없는 무언가를 하려는 충동을 느낍니다. 그러나 나는 내 양심이 그것을 허락하지 않는다는 이유를 들어 그것을 하지 못하고 맙니다. 혹은 쾌락에 대한 기대가 너무도 큰 나머지 무언가를 하고자 하는 나의 마음을 움직이는데, 그에 대해서 양심의 소리가 이의를 제기하고 그 행동을 하고 난 후 나의 양심은 고통스러울 만큼 괴로운 비난으로 나를 탓하고 그 행동에 대한 후회를 느끼게

합니다. 내가 내 자신 속에서 구별하기 시작하고 있는 그 특이한 장치는 양심이라고 간단하게 말할 수 있을 것입니다." 그리고 그는 양심이 인간에게 완전하게 주어진 것이 아님을 분명히 말한다. 즉, "양심에 관하여 본다면 하느님은 여기에서 불균등하고 부주의한 작업을 하신 것에 불과합니다. 왜냐하면 사람들 가운데 대다수가 그 양심 중 아주 조금만 소유했거나 언급할 만한 가치가 거의 없을 정도의 아주 적은 양의 양심만을 소유했기 때문입니다. 이것은 '양심이란 하느님이 주신 것이다.'라는 주장에 포함되어 있는 심리적 진실의 조각들을 간과할 수 있다는 뜻은 결코 아닙니다. 그러나 그 말은 해석을 필요로 합니다. 양심이란 것이 '우리 안에 있는' 어떤 것이라고 한다면, 그것이 처음부터 그랬다는 뜻은 아닙니다."

이 책은 이런 심리학적 양심 이해에 큰 도움을 줄 수 있을 것으로 생각한다. 특히 양심의 두 모습들, 즉 원리(principle)나 정의(justice)나 옳음(right)의 측면인 해의 양심과, 상황(situation)이나 포용(tolerance)이나 선(good)의 측면인 달의 양심을 이해하는 데 많은 도움이 될 것이다. 그리고 그러한 점은 도덕과 윤리에 관한 이해나 도덕·윤리 교육에 큰 도움이 될 수 있을 것이다. 다만 논리적으로 설명이 곤란한 인간 심리와 양심에 관한 내용을 신화를 통해 은유적으로 우화적으로 설명하고 있기 때문에 자칫 더 어렵게 보일 가능성이 있다. 이 점은 독자들이 신화를 철저하게 우화나 은유의 차원으로 읽어준다면 쉽게 해결될 수 있는 문제라고 생각한다. 그리고 이 책은 자세하게 설명하는 식의 문장이 아니라 집중적인

(intensive) 문장으로 구성되었기 때문에 일반 독자들이 읽기에는 조금 어려울 수 있을 것이다. 의역(意譯)으로 번역했다면 이 문제를 해결할 수 있었을 것이지만, 역자의 미숙으로 인한 왜곡이 심각할 수도 있고 저자의 본의를 존중한다는 뜻에서 직역하였음을 밝힌다. 난해한 점이 있거나 잘못된 내용들이 있다면 그것은 전적으로 역자의 미숙함 때문일 것이다. 많은 양해와 질정(叱正)을 기대한다. 끝으로 이 책의 출판을 기꺼이 승낙하신 철학과현실사에 감사드린다.

2008년 6월

心石 박재주 삼가 씀

10

# 차 례

# 서 문

나는 20세에 키에르케고르(Søren Kierkegaard)의 책 『마음의 순수성은 한 가지를 바라는 것이다(*Purity of Heart Is to Will One Thing*)』를 손에 넣었다. 대학교 3-4학년 사이의 여름방학 때 파리에서 중고 책방 밖에 싸게 팔려고 내놓은 그 책의 영어 번역판을 만났던 것이다. 그때 나는 혼자 여행하면서 유럽을 최초로 만나게 되었고, 돈이 많지 않아서 파리의 감각적 쾌락들에 유혹당하지 않았다. 『마음의 순수성은 한 가지를 바라는 것이다』라는 책은 나의 삶에서 가장 중요한 두세 권의 책들 가운데 한 권이 되었다.

키에르케고르는 마치 레이저 광선처럼 나의 중심으로 파고들어 그때까지 잠복해 있던 자아의 핵심(a core of selfhood)을 밝혀주었다. 이 자아의 핵심은 나의 가장 소중한 보물들 중의 하나였고 수많은 판단들과 결정들을 안내하는 나침반이었다. 나는 이 핵심을 발견한 경험을 결코 잊어버리지 않았고

— 그것은 융(C. G. Jung)이 표현한 동일한 유형의 경험에 따르면, 마치 내가 "짙은 구름 속에서 막 나온" 것 같았다(Jung 1961, p.32) — 그것의 중요성은 시간이 지나도 줄어들지 않았다.

나는 내 자신이 키에르케고르가 말을 걸고 있는 사람이 되고 있음을 느꼈고, 나의 존재의 중심에서 일어나는 이 삶의 부추김 속에서 나는 처음으로 내가 지금 양심이라고 부르는 것을 의식적으로 깨달았다. 나에게 있어 양심은 부모와 사회가 어떤 자의적인 규범들에 순응하도록 행사하는 압력의 내면화를 훨씬 넘어서는 것이다. 우리가 앞으로 살펴보겠지만 문화와 사회는 양심에 중요한 영향을 미치고 그것을 형성한다. 그러나 양심의 뿌리는 훨씬 더 깊고, 양심의 의미는 더욱 풀기 어렵고 중대한 것이다.

프로이트처럼 나도 양심(그는 초자아[superego]라고 불렀음)을 자아(ego) 밖에 존재하는 심리적 동인으로 생각한다. 그러나 프로이트와는 다르고 융과 더 흡사하게 나는 양심을 각각의 인간 내부에 주어진 신의 섬광으로 간주한다. 어떤 의미에서 그것은 신의 목소리이며, 법과 정의에 관한 지각들과 느낌들의 내적 토대들이지만, 수많은 요소들로 복합된 것이다. 그런데 이 점은 앞으로 밝혀질 것이다. 양심은 궁극적으로 융이 자기(self)라고 불렀던 것을 대변하여 말하며, 자기처럼 양심도 하나의 복합체라고 나는 믿는다. 양심의 목소리는 사회적 압력과 관습을 초월한다. 만약 그렇지 않다면, 우리는 어떻게 선지자들을 가질 수 있을 것이며, 자신의 시대의 사회적 관행들을 넘어서고 그것들을 비판했던 슈바이처(Albert Schweitzer), 간디(Gandhi), 시몬느 베유(Simone Weil) 등과 같은 도덕적이고 창조적인 슬기로운 사람들을 가질 수 있겠는가? 과학이 뉴턴(Newton)과 아인슈타인(Einstein)과 같은 사람들을 가지듯이, 도덕적 세계도 또한 나름대로의 슬기로운 사람들을 가진다. 그리고 수학적 직관들이나 공식들이 아니라 정의감이 그들의 지혜를 이끌지만, 그것이 예리함과 통찰력이 덜한 것은 아니다.

파리에서 키에르케고르의 책을 만난 후 몇 년이 지나고 나는 융의 자서전인 『기억, 꿈, 사상(*Memories, Dreams, Reflections*)』을 우연히 만났다. 이 책은 나의 삶을 변화시켰던 몇 권의 책들 중 두 번째 책이다. 나에게 이 책이 제시하는 삶에 대한 비범한 설명은 키에르케고르의 책 속에 나타나는 직관적 통찰들을 훌륭하게 증명하고 있었다. 융 자신과 야페(Aniela Jaffe)에 의해 그의 자서전 속에 기록되었듯이, 융이 원했던 한 가지는 전체성(wholeness)과 통합성(integrity)의 삶이었다. 전체성이 어떤 사람이 모든 열정을 가지고 바랄 만한 가치를 가진 한 가지 일이라는 생각이 키에르케고르의 더 철학적이고 신학적인 공식들에, 필수적인 심리학적 요소들을 첨가시켰다. 융은 자기성과 통합성과 정의에 대한 열정을 현실적 삶에서, 일상적 실존에서 근거를 찾았다. 이것이 이 글을 쓰는 데 나를 이끄는 실마리였다.

나는 이 책을 출판하도록 격려해 준 두 친구 슈워츠-살란트(Nathan Schwartz-Salant)와 비이브(John Beebe)에게 감사의 마음을 전한다. 또한 취리히의 심리분석가인 빈스방거(Hilde Binswanger) 박사와 포프(Richard Pope) 박사에게 깊은 감사를 드린다. 나는 그들과 함께 당시에 할 수 있는 가장 깊은 수준으로 정신을 경험할 수 있었다. 양심에 관한 나의 최초의 많은 통찰들과 아이디어들은 이 경험을 통해서 생겨날 수 있었다. 그 후 몇 년 동안 그것들을 다듬고 정교하게 하였지만, 이 논의의 기본적인 맥락은 그런 분석적 경험들에서 생겨났다.

나는 이 책에서 철학과 신학을 피하려고 노력했다. 윤리와 도덕 발달에 관한 문헌은 방대하다. 내 자신의 관심은 이 문제의 정서적 심리적 측면에 있고, 옳고 그름과 선과 악에 대한 우리의 '마음속에 느끼는 반응들(gut reactions)'에 있다. 나는 또한 양심에 관한 이런 생각들을 일반 독자들이 접근할 수 있는 것으로 만들고 싶다. 나는 일반 독자들이 심층심리학의 영역에 공헌하기를 바란다.

나의 아내 잔(Jan)은 이 책의 모든 내용들에 관하여 나와 긴 대화를 나누었다. 기민한 통찰들과 관대한 태도를 보여준 아내에게 감사한다. 여러 가지 측면에서 아내는 감정과 공감의 문제에 대해 나의 스승이었고, 지금도 그렇다.

편집자인 드럼몬드(Siobhan Drummond)에게도 감사의 말을 전한다. 원고를 세심하게 살펴주었을 뿐만 아니라 더 나은 책을 쓰는 데 도움이 되는 의견을 이야기해 주었다.

# 제 1 장
# 양 심 의  복 합 성

　미국인들의 신화적인 마음속에는 하나의 양심 이야기가 들려온다. 소년이었던 조지 워싱턴(George Washington)은 벚나무를 자르고, 모든 깨달은 사람의 양심을 괴롭히는 문제에 봉착했다. 즉, 진실을 말할 것인가, 거짓을 말할 것인가. 그는 그 문제에 관해 질문을 받았을 때 속임수 뒤에 숨기를 거부하고, "나는 거짓을 말할 수 없다."는 유명한 말을 했던 그의 이미지를 평생 지켜 나간다. 미국의 모든 학생들은 이 이야기를 배우고, 그와 같은 진실한 사람이 되도록 자극을 받는다. 한 국민의 인격은 그런 이야기들에 의해 형성된다.

　이 이야기는 양심의 본질을 밝혀준다. 조지 워싱턴은 그 질문에 어떻게 대답하는 것이 옳은지 그른지에 관해 생각할 시간이 없었다. 다른 어느 누구도 그의 상담자가 되어 주지 않았다. 그는 본성적으로 반응했다. 양심은 하나의 마음속의 반응이며, 그 개인에 속하는 것이다. 그것은 합리적 사고와 반성의 산물이 아니다. 그것은 반드시 그 개인이 당면한 자기이익과 일치하지는 않는 가치들을 대변하는 내부의 동인(inner agency)이다. 미국의 건국자인 조지 워싱턴은 통합성의 모델로서 존중받는다. 우리 모두는 그처럼 행동하고자 한다. 이 이미지는 우리 모두에게 진실을 말하는 사람이 될 것을 권한다. 그것은 우리 자신의 양심, 내부의 명령, 조용하고 작은 목소리를 지지한다.

양심은 모든 개인의 심리적 삶의 복합적이고 광범위한 하나의 특징이다. 사실 그것은 아주 많은 형태들을 띠고 있으며, 너무 많은 우리의 판단들과 정서적 반응들에 반영되기 때문에 그것을 포착하여 하나의 심리적 요소로 분석하는 일은 매우 어려운 일이다. 일상생활 속에서, 매체 속에서, 길거리에서, 목소리들은 '직업상의 양심', '사회적 양심', '예술적 양심', '정치적 양심', '개인적 양심', '집단적 양심' 등을 말한다. 더욱이 죄책감과 나쁜 양심이 아주 다양하게 나타날 수 있다. 성, 권력, 돈, 정치, 음식, 술, 학문, 인종차별, 인간관계, 그리고 다양하게 제기되는 문제들과 활동들 등과 관련하여 양심의 가책들이 생겨난다. 양심은 인간 삶의 어떤 측면이나 모든 측면들을 비난할 수 있고 죄책감의 물결을 만들어낼 수 있는 것 같다.

그러나 이런 현상들의 소용돌이 밑에서 우리는 어떤 공통된 심리적 근거들과 역동들을 발견할 수 있다. 양심은 항상, 사람이 다른 자발적 충동들의 흐름에 반하여 일어나는 부정적 제한과 긍정적 요구에 직면하도록 하는 것 같다. 그리고 이런 금지들과 명령들은 본질적으로 그 성격상 자기중심적이지 않거나 심지어 자기중심에 반하는 것이다. 양심은 자아를 넘어서서 생겨나는 요구들로 우리를 압박한다. 그런데 나는 한 개인이 가진 경험의 '자기성(I-ness)'을 이 책 내내 개인의식의 중심으로 이해할 것이다. 이런 자아 외적인 요구들에 의해 발생하는 효과는 우리의 결정의 근거를 '내가 바로 지금 원하는 것'에서만 찾으려는, 자연스러워 보이지만 아주 교묘한 욕망을 조절시키는 것이다. 목소리로 형상화된 양심은 어떤 '타인'을 위해, 하나의 가치, 요구, 혹은 자아에 의해 자기 이익의 직접적인 분야로 확인된 영역 밖에 실존하는 개인을 위해, 소망과 욕구와 계획을 희생시키라고 우리에게 촉구한다.

양심은 반대감정 병존(ambivalence)이라는 심리상태를 만들어낸다. 그러나 이것은 초콜릿과 바닐라 아이스크림처럼 서로 상반되는 것들을 동시에 원하는 것에만 의존하는 유형의 반대감정 병존은 아니며, 오히려 '나는 이것을 원하지만 그것이 저것을 요구한다.'에서 생겨나는 반대감정 병존이다. 그 그림 속에는 하나의 '타인'이 있다. 우리가 양심이라고 부르는, 심적 요소의 반대감정 병존을 만들어내는 활동은 자아가 그 자신의 요구들과 소망들을 가지는 곳이면 어디에나 생겨날 수 있다. 이런 이유로, 우리는 '양심의 문제들'의 항목에 속하는 아주 다양한 문제들을 발견한다. 양심은 '타인'에 대한 의식에 달려 있으며, 정의는 타인을 자신만큼 많이 고려함을 의미한다는 지각에 달려 있다.

## 양심이 원하는 것

깔끔한 양심은 분명히 가장 고귀한 인간의 타고난 자질들 가운데 하나이다. 그것은 조지 워싱턴 같은 사람, 간디 같은 사람, 혹은 퀴리 부인 같은 사람에게서 우리가 칭송하는 것이다. 양심이 없다면 그 사람을 인간이라고 거의 인정할 수 없을 것이다. 사실, 우리들의 대부분은 양심이 거의 없는 사람, 냉혹한 살인자나 강간범, 사기꾼, 죄책감이나 희생자에 대한 감정을 조금도 보이지 않고 지낼 수 있는 사람을 만나면 몸서리치고 등을 돌려버린다. 정신병적인 인격은 본성(nature)의 무시무시한 실수이며 문화(culture)의 두려운 실패인 것 같다.

그러나 과도하게 깔끔한 양심도 노이로제로 변한다. 도덕적 양심의 과도한 발달인 주도면밀(scrupulosity)은 종교적 삶의 주요한 함정들 중의 하나로 인정된다. 그것은 순결과 완벽성의 충동으로 사람을 쇠약하게 만드는 하나의 질병으로 간주된다. 도덕의 연속선상에서 한쪽 끝인 정신이상으로부터 반대편 끝에 놓인 주도면밀은 너무 밝고 너무 뜨겁게 타고 있는 양심의 불꽃 아래에서 그 개인을 살해한다. 어떤 청결함도 충분히 정확할 수 없고, 어떤 참회도 죄책감의 오점을 지워버릴 만큼 충분히 완전하거나 깊을 수 없으며, 어떤 동기도 내부의 위엄 있는 재판관의 심문을 빠져나가기에 충분히 어둠의 그림자가 없고 순수하지 않다. 루터(Luther)로 하여금 신의 은총과 용서의 의도를 발견하기까지 미치게 하고 자기 매질을 하게 만들었던 것은 이런 종류의 양심이었다.

이런 도덕 스펙트럼의 양 끝에서 우리는 괴물 같은 어떤 것을 발견한다. 양심이 없는 사람은 인간 아닌 인간으로 다가온다. 너무 많은 양심을 가진 사람은 정서적 장애자가 된다.

양심은 무엇을 원하는가? 양심은 무엇을 원해야 하는가? 이것을 묻는 것은 양심 자체에 대한 윤리적 질문이다.

'양심은 무엇을 원하는가?'라는 질문에 대한 간단한 대답은 그것이 '옳은 것(right thing)'을 원한다는 것이다. 그것은 옳고 그름에 대한 내적 직감(sense)이며, 아래에서 위로 서에서 동으로 도덕을 말해 주는 일종의 내부 심적 회전기이다. 가장 기본적인 수준의 경험에서 양심은 인지와 의식적 반성의 결과라기보다는 마음속에 느끼는 하나의 감정이며, 선과 악 간의 차이에 대한 본능적 직감이며 지식이다. 성경의 신화에 따르면, 우리는 아담과 이브가 죄를 지었기 때문에 하나의 양심을 가지고 태어난다. 그들은 선악에 관한 지식의 나무 열매를 먹었고, 우리는 그 지식을 전수받았다. 콜버그(L. Kohlberg)가 설명한 윤리적 인지의 여섯 가지 수준들을 인정한다면 윤리적 성찰은 정밀할 수 있지만 가장 기본적이고 가장 고상한 양심의 예들은 본능적인 수준에 머문다. 슈바이처와 간디와 같은 도덕적 지성인들은, 인지가 따르고 합리화시키고 세련되게 하고 설명하려고 시도하지만 창조할 수는 없는, 옳고 그름에 대한 직관을 가지고 시작하였고 그것에 근거하였다. 양심은 본능적 지식의 형태로 다가온다. 그것은 일종의 영적 지식(gnosis)이다.

양심에 관해서 인정해야 하는 것은 그것이 하나의 심리적 요소라는 것이다. 이 책의 전체를 통해 양심은 다른 모든 문제들의 토대일 것이다. 이 글에서 나는 양심을 융(C. G. Jung)이 묘사한 심리 세계 속에 위치시킬 것이다. 물론 여기서 분석 심리학의 이론을 충분하게 설명할 수 없을 것이다. 나는 충분한 설명을 위해 위트몬(Edward C. Whitmont)의 『상징적 탐색(*The Symbolic Quest*)』, 자코비(Jolande Jacobi)의 『융의 심리학(*The Psychology of C. G. Jung*)』, 훔버트(Elie Humbert)의 『융(*C. G. Jung*)』을 독자들에게 추천한다. 여기서는 양심은 하나의 심리 세계라고 말하는 것으로 충분할 것이다. 융의 심리 세계에서는 **자기**(self)라는 용어는 육체적 정신적 요소들뿐만 아니라 마음의 의식적 무의식적 측면들을 포함하는, 한 인간의 전체를 가리킨다. **자아**(ego), **콤플렉스**, **원형**(archetype) 등의 용어는 그 전체의 부분들을 가리킨다. 자아는 '나(I)'이며, 이 심리 세계 내부에서 개인적 정체성이 자리하는 곳인 반면, 콤플렉스는 개인적 역사와 경험으로 존재하는 인격(personality)의 자율적 조각들이며, 원형은 발생적 구조로서 인간 외적이고 물려받은 (행위와 지각의 패턴의) 자율적 조각들이다.

## 내부의 타인을 위한 목소리로서의 양심

양심은 자신의 자아를 그것이 다른 사람인 것처럼 대하는 자기중심적이지 않은 태도로서 드러난다. 양심은 자아를 마음의 세계에서 특권을 가진 거물로 인정하지 않는다. 양심이 요구하는 것은 반드시 좁은 의미에서의 '나의 선(my good)'이 아니고, 더 넓고 덜 개인적인 의미에서의 '일반적인 선(the good)'이다. 양심은 자아 콤플렉스를 특별한 것으로 간주하거나 그것에게 고유한 권리나 특전을 부여하기를 거부한다. 양심의 관점에서 본다면, 이기주의는 악과 동등한 것이며, 자아가 마음의 다른 내용들에 대해서 그리고 다른 사람들에 대해서 절대적 우월성을 주장하는 것도 악과 같다. 양심은 우리는 스스로를 너무 특별한 존재로 만들려고 시도해서는 안 된다고 말한다.

이것 자체로는 양심이 자아 밖에 자리한다고 주장하기에 충분하지 않다. 양심은 자아 내에서의 소수자의 입장일 것이다. 그러나 이 경우 그 자아는 양심에 대해 상대적으로 강한 통제를 하게 될 것이다. 그러나 중요한 것은 양심이 그 자아의 통제하에 두어질 수 없다는 것이다. 양심은 자율적인 콤플렉스처럼 행동한다. 어느 정도 자아는 단기적으로는 콤플렉스의 효과를 지배할 수 있지만 장기적으로는 그것이 콤플렉스의 주인이 될 수 없는 것이다.

자아의 전형적인 뽐내는 환상들 중의 하나는, 그것이 마음을 통제하고 있으며 마음이라는 가정 속에서 다른 콤플렉스들을 지배할 수 있다는 것이다. 이것이 도스토예프스키의 『죄와 벌』에 나오는 라스콜리니코프의 전제였다. 그는 노파 이바노프나를 살해하고 강도질한다. 그리고 그가 이 범죄에 대한 마음속 반응들을 조종할 수 있다고 생각한다. 그의 실험은 철저하게 실패했고, 그의 양심은 그가 인식하는 것보다는 훨씬 더 강력했다. 이 화려한 심리 소설은 양심에 관한 자아의 천진난만함을 폭로한다. 양심은 하나의 수호신(daimon)이며, 자아가 독점할 수 없는 강력한 힘이다. 그리고 그것은 우리가 자유의지라고 생각하는 것을 훌쩍 뛰어넘어 인간의 운명을 결정한다.

양심이 어떻게 그 의지를 작동시키는가? 그리고 양심이 어떻게 내적으로 형성되는가? 이것이 이 글의 주된 관심사이다. 왜냐하면 그것의 방식들은 다양하고, 일부는 노골적이지만 많은 것은 미묘하게 작용하기 때문이다. 자아의 지배로부터 양심이 자유롭다는 것은 그것이 따로 떨어진 다른 심리적 장소에 뿌리내리고 있음을 의미한다. 심층심리학의 입장에서 보면, 우리는 '양심 콤플렉스(conscience complex)'를 이야기하지만, 그것의 작용과 구조에 대한 우리의 통찰이 깊어질수록 그것이 개인에 관계된(personal) 것이기보다는 원형적(archetypal)이며, 우리가 일상적으로 하나의 단순한 '콤플렉스'로 다루어버리는 것보다는 더욱 깊고 더욱 크고 더욱 중요한 것임을 우리는 알게 될 것이다. 콤플렉스와는 달리 양심은 반드시 마음의 상처에 기원을 가지는 것이 아니다. 오히려 그것은 말하자면 종(species)과 더불어 온다. 그것의 현전은 선천적으로 인간적이다. 그것은 비록 그것의 특정한 내용이 문화에 따라 크게 다를지라도 보편적으로 인간에게 주어진 것이다.

우리는 또한 모든 원형적인 요소들처럼 양심은 그 자체로 하나의 복합체이며 극성들을 포함한다는 점을 보게 될 것이다. 말하자면 양심은 오른쪽이나 왼쪽에서부터 의식과 무의식으로부터 몸뿐만 아니라 마음으로부터 한 인간의 삶에 영향을 미칠 수 있는 한 쌍의 집게이다. 그러나 어떤 형태로 양심이 나타나고 무슨 목소리로 말하든 그것의 진의와 메시지는 항상 좁은 자아중심적 태도, 즉 한 개인이 의식적으로나 반(半)의식적으로 순수한 자기이익이라고 지각하는 것에만 집착하는 편협한 태도를 바로잡는 것을 목표로 삼는다.

융의 분석심리학이 양심에 대한 이해에 준 중요한 기여들 가운데 하나는, 양심이 콤플렉스들과 원형들이라는 이른바 '내부 세계'를 대변할 수 있음을 알게 한 데 있다. 양심에 대한 더욱 전통적인 관점은 양심을 사회, 전통, 종교 등의 요구들과 규범들 그리고 이상들을 대변하는 것으로 본다. '타인'은 항상 형제자매들, 동료시민들로 환원되거나, 그 환경에서의 권위들에 의해 공표된 더 추상적인 규칙들과 규제들로 환원된다. 양심은 사회적 가치의 내적 대변인으로 간주된다.

양심이 사실 종종 이런 식으로 타자들의 권리를 위해서 그리고 그들의 고통과 욕구를 위해서 말하는 반면, 그것은 또한 등한시되고 살아지지 않은 자기 자신의 정서적 삶의 권리들과 욕구들을 편들 수 있다. 살아지지 않은 삶을 편드는 것은 그 말의 넓은 의미에서 자기이익의 한 형태이다. 그러나 그것은 분명히 직접 자기이익으로 느껴지지 않는다. 양심이 종종 집단을 위하여 자아를 폄하시키는 것 같지만, 그것은 또한 내부의 무시된 어린이, 억압된 그림자 그리고 굶주리는 아니마

(anima: 남성이 가진 억압된 여성적 특성)와 아니무스(animus: 여성이 가진 억압된 남성적 특성) 등을 위해서 그렇게 하기도 한다. 양심은 우리가 살아지지 않은 삶에 주목하고, 아마 비록 그것이 적절하지 못하고 싫증나는 것일지라도 그런 삶을 살 것을 요구할 수 있다.

이것이 지적하는 것은, 양심은 역시 의식적이거나 무의식적인 집단 압력과 그것의 집단적 실천의무들에 독립적이라는 점이다. 여기서부터 양심은 전체주의적 집단, 특히 그 지도자들을 믿지 않는다. 즉, 양심은 자아에게 내적으로 결정된 관점을 강요하면서 외적인 권위가 명령하는 것에 반하는 요구를 할 수 있다. 집단은 지배적인 사고양식이나 특정 지도자들 그리고 그들의 가치관과 행위에 충실히 따름으로써 유지된다. 그 집단이 개인의 양심을 통제할 수 없다. 이것이 솔제니친 (Aleksandr Solzhenitsyn)과 그의 저작물들이 소련에 위협이 되도록 만들었던 것이다. 구소련 사회에서는 솔제니친과 같은 사람들의 운명이 주요한 고민꺼리의 하나였다. 이런 사람들은 국가의 강요된 집단적 가치관에 저항하는 양심을 대변했다. 아무도 그들을 침묵하게 할 수 없었다.

집단적 가치와 태도에 충돌하는, 인격의 내적 목소리로서의 양심을 경험한 개인에게도 역시 큰 어려움들이 있다. 양심이 진리를 말하고 있음을 어떻게 알 수 있는가? 이것이 단순히 과장과 허풍이 아니라고 어떻게 확신할 수 있는가? 집단생활의 인습들을 배웠던 한 개인은 그 영혼의 숨겨진 그리고 부정된 욕구들을 대변하는 양심의 반항하는 목소리로 인해 무시무시한 갈등 속으로 던져질 것이다. 이것이 루터, 간디, 사하로프 같은 사람들의 딜레마이다. 그들은 무언가 잘못되었음을 알지만 그들의 앎의 타당성을 확신할 수 있는가? 어떻게 한 개인이 전체적 전통이나 압도적 집단을 의심할 수 있을까? 한편에는 사회적 압력, 종교에의 의무, 사회와 문화에 대한 충실 등과 다른 한편 삶을 위한 비굴하지 않은 요구들, 개인적 영혼을 위한 자유와 정의 사이에 첨예한 갈등이 생긴다. 어떤 종교로 귀의한 사람들이 그들 자신의 전통을 그들 자신이 가장 잘 알고 있다고 말할 때 그 종교가 그들을 용서하려 하는 것은 아마 소란스러운 위기일 것이다. 양심의 목소리는 가끔 교활한 악마, 사탄(Satan)과 구별하기 어려울 것이다. 방탕한 요부들의 무리들과 사막에서 단호하게 싸웠던 성 안토니우스(St. Anthony)는 악마도 그의 영혼을 눈여겨 바라보지만 아마 그것은 정의를 극성스럽게 요구하는 그의 아니마(영혼)였을 것이라고 확신했다.


## 다원적인 것으로서의 양심


궁극적으로, 양심은 모든 신들이 섬김을 받아야 한다고 요구하지만, 단일한 전통의 관점으로부터 본다면 이는 많은 문제와 갈등을 불러일으킨다. 일신교는 특별히 이 관점과 어울리지 않는다. 각각은 나름대로의 궁극적인 절대자에의 절대적인 헌신을 주장한다. 하나의 마음의 신에 대한 믿음은 나머지 신들을 악마와 유혹자의 역할을 하는 존재로 만들어버린다. 그러나 양심에 따르면, 진정한 악마, 진정한 악은 무제한적인 독립과 통제를 차지하려는 자아의 욕구, 그리고 권력에 대한 그것의 사랑이다. 일방적이고 배타적인 믿음 대신에 그것이 자아에게 그토록 열렬히 바라는 권위, 권력, 도덕적 직감을 부여한다면, 특별한 태도, 종교적 확신이나 입장은 그것의 표면 아래에 사탄의 사악한 꼬리를 감출 것이다.

　히폴리투스(Hippolytus)에 관한 고전적 이야기는 양심 내에서의 이런 다원적 원리를 설명한다. 히폴리투스는 처녀 여신 아르테미스(Artemis)를 꾸준히 따른다. 그는 그녀를 열렬히 사랑했다. 그는 자신이 좋아하는 여신의 신전에서 제물을 쌓아놓고 기도를 하고, 그 여신의 이름으로 제단에 불을 밝히고, 꾸준히 그 여신의 적수인 사랑의 여신 아프로디테(Aphrodite)를 거부하고 심지어 인정조차 하지 않으면서, 존경과 옳음의 감정으로 가슴이 벅찼다. 결국 아프로디테는 그의 멸망을 준비하고 그의 자존심에 상처를 입힌다. 아르테미스도 그를 보호할 수 없다.

　아르테미스는 히폴리투스를 보호할 수 없는 이유를 설명하기 위해 올림포스 신들을 규제하는 하나의 법을 언급한다.

　　이것은 신들의 조정된 관습이다. 즉, 아무도 다른 신들의 소원을 외면할 수 없다. 우리는 초연하게 중립적으로 남는다. 내가 제우스(Zeus)를 무서워하지 않았다면 이런 수모를 참지 않았을 것임을 나는 너에게 단언한다. 즉, 나의 가장 친한 친구를

죽였는데도 나는 아무것도 할 수 없었다. (Euripides, *Hippolytus* 1328-1333)

올림포스의 법은 아르테미스를 묶어두면서 아프로디테에게는 놀라운 복수를 하도록 허용한다. 즉, 히폴리투스는 근친상간과 자살을 하도록 유혹을 받는다.

모든 심리학적 신들과 여신들이 말을 했고, 각 신들에게 양심을 통한 하나의 목소리가 주어졌을 때, 들리는 것은 일방적이고 협소하게 정의된 완전함(perfection)이 아니고 전체성과 완전성(completeness)의 요구이다. 양심은 하나의 단일적인 도덕적 렌즈를 가진 것이 아니라 하나의 다원적인 렌즈를 가진 것 같다. 키에르케고르가 말했듯이, 마음의 순수성이 한 가지를 바란다면, 그것은 전체성(wholeness)이다.


## 양심의 두 가지 수준들

양심에 대한 설명은 대충 두 가지 일반적인 입장들로 나누어질 수 있다. 그것의 각각은 몇 가지 변형된 모습들을 가진다.

1. 양심은 자기 것으로 받아들인, 사회의 가치들과 도덕적 규범들로 구성되며(사회-심리학적 관점), 양심 이면의 추동력은 자아가 받았던 공격을 행사했던 권위적인 인물들에 대한 자

아의 공격이다(정신분석적 관점).

2. 양심은 신 혹은 신들의 목소리이며(종교적 관점), 그것의 내
   용은 자연이나 자연의 지배자들로부터 도출되며 따라서 자의
   적이고 비합리적인 것으로 보이는 방식으로 옮겨 다닌다(인
   간적 관점).

첫 번째 설명은 환원적이고 심리사회적이다. 두 번째 설명
은 영혼적이고 초월적이다.

프로이트는 첫 번째 관점에 오늘날 고전적 표현이 된 표현
을 제공했다. 프로이트에게 있어, 그가 초자아(superego)라고
불렀던 양심은 권위적인 인물(전형적으로 아버지)과의 동일시
와 이 권위의 가치와 관점의 이어지는 내면화를 통해 하나의
심적 실체로서 존재한다. 초자아는 한 사람이 그 권위에 대해
느끼는 두려움('거세 불안')으로부터 많은 에너지를 얻는다.
또한 보통 오이디푸스적 갈등의 일부분으로서, 그 권위에 반
하여 느끼는 공격은 그 초자아 속에 흡수되고, 거기서부터 자
아 자체에 반하여 굴절된다. 여기서 양심은 부모의 권위에 대
한 공격의 초점으로서 간주된다. 그 공격이 강할수록 양심은
더욱 엄격해질 것이다. 이것은 아버지, 어머니, 사제나 주교
등의 권위적인 인물들에 대한 공격의 과잉으로 주도면밀을
설명한다. 초자아가 확대되어 더욱 더 많은 인물들을 포함함
에 따라 많은 혹은 대부분의 집단적 사회 규범들과 일치하는
양심이 생긴다.

양심은 권위적인 인물들과의 동일시와 그들의 수용과 그들

과 함께 집단적 태도들의 수용으로부터 생긴다는 관점은 근대적 지성 세계에서 거의 자명한 것이 되었다. 이것은 더 확대되어, 초자아의 오이디푸스적 폭군을 전복시키고 다양한 변태의 오이디푸스 이전의 정원으로 되돌아갈 것을 주장하는, 브라운(Norman O. Brown)(*Love's Body*)과 같은 프로이트를 따르는 일부 학자들을 배출하였다. 포스트모던의 세계는 문화적 초자아의 엄격함이 절충주의의 즐거움들을 위하여 포기되는 오이디푸스 이전의 상태로 진입했다고 주장될 수 있을 것이다.

그러나 프로이트 자신은 아마 이 방향을 피해야 했을 것이다. 그에게 있어 초자아를 포기하는 것은 생각할 수 없는 일일 것이다. 이것은 특별히 바람직한 것이 아닐 뿐만 아니라 심리학적으로 불가능할 것이다. 프로이트에게 초자아는 순수하게 개인적으로 획득되는 것일 뿐만 아니라 '계통발생적(phylogenetic)'인 토대를 지닌다. 프로이트는 초자아의 보편성을 설명하기 위하여 계통발생적 모델을 제안했으며, 이것이 그로 하여금 융이 제안했던 것과 많이 닮은, 그러나 역사적 준거점을 가진 원형이론에 근접하게 했다.

프로이트는 초자아가 자아에 주는 처벌의 기대는 원시 군집 시대의 원형적 기억으로 추적될 수 있다고 주장한다. 이런 원시 군집 속에서 아버지는 대단히 잔인하고 이기적이었으며, 모든 여성들을 소유했으며, 그의 아들들에게는 어떤 성적 만족도 허락하지 않았다고 프로이트는 상상했다. 그래서 그의 아들들은 봉기하여 그를 죽였다. 그러나 아들들의 승리는 짧은 것이었다. 왜냐하면 그들이 그들의 아버지를 극복하였고 그들 자신이 즐기기 위해 여성을 해방시켰지만, 그들은 심리적으로 그들의 아버지를 떠날 수 없었고 그래서 그들은 그들의 행위에 대한 자책에 빠졌다. 아버지에 대항한 공격이 살인을 초래했지만, 아버지와의 동일시로 그들은 비통한 상실감과 자책감을 느꼈고, 그래서 그들의 최초의 공격은 스스로를 향하여 굴절되었음을 의미했다. 이런 계기가 인간의 영구적인 심리구조, 초자아의 토대를 만들어냈다. 초자아를 움직이게 하는 에너지는 자기(self)에게로 향해진 공격이다.

프로이트의 계통발생적 모델은 양심과 그것의 기원에 관한 순수하게 개인중심적인 관점을 심화시키며, 양심의 보편성과 심적 능력을 더 잘 설명할 수 있게 하는 것 같다. 그것은 또한 마음의 세계에서의 양심이 자기중심적이지 않음을 설명한다. 그것이 아버지의 이미지에 대하여 강조하기 때문에, 그리고 초자아의 내용이 사회적 규칙들과 규범들로 구성되기 때문에, 그것은 내가 이 책에서 '해의 양심(solar conscience)'이라고 부르는 것을 대변한다. 해의(태양과 같은) 양심은 아버지의 권위 속에 뿌리박고 있으며 그것으로 돌아간다. 그것은 부계적 양심이다.

양심의 해와 같은 측면이 가지는 기능은 집단적 규범, 이상, 가치를 위하여 자아를 억압하는 것이다. 해의 양심이 옹호하는 가치와 그것이 자아에게 권고하는 행위는 불변성과 영구성의 성격을 지니며, 그것은 특별한 심리적 사회적 패턴을 가진 현상(status quo)을 유지하고자 한다. 해의 양심은 특별하게 창조적이지 않다. 양심의 이 측면은 다소간 충분하게 의식에 적용될 수 있으며, 그것은 말하자면 밝은 데에 존재한다. 그것의 가치와 명령들은 타인들에 의해서 그리고 텍스트를 준거로 확인될 수 있다. 그것은 '함께 아는 것(con science)'이다.

우리는 융의 저작에서 양심의 다른 관점이 암시되고 있음을 발견한다. 융에게 있어, 양심은 원형들의 도덕적 압력이며, 그래서 사회적 압력과 같기보다는 신의 목소리에 더 가깝다(Jung 1958). 이것은 명백하고, 집단의식 내에서 분명하게 알려지거나 해의 양심과 같이 어떤 사람이나 모든 사람들에게 전면적으로 적용될 수 있는, 어떤 것으로 양심을 환원시키는 것을 허용하지 않는다. 오히려 융은 적어도 부분적으로는 비합리적이고, 알 수 없고, 변화하는 양심의 근거를 지적한다. 이것이 내가 '달의 양심(lunar conscience)', 양심의 달과 같은 측면이라고 부르는 것이다. 달의 양심은 그 당시 사회의 규칙과 관습에 근거하기보다는 집단 무의식의 미지의 요소들에 근거한다. 나는 그것이 '아버지의 권리'보다는 '어머니의 권리'를 대변한다고 생각한다.

해와 같은 측면도 달과 같은 측면도 양심은 자아가 더 큰 혹은 적어도 다른 목표나 가치를 위해 그 자신의 목표나 가치를 희생시키기를 요구하는 자아중심적이지 않은 심리 정점(頂点)이다. 그러나 두 가지 유형의 양심 각각에게는, 희생의 계기가 다르다. 융은 이 차이를 다음과 같이 적는다.

1. 나는 일반적인 도덕적 원리, 즉 선물을 주고 보답을 기대해
   서는 안 된다는 점을 고려하면서 나의 요구를 포기한다. 이
   경우 '자기(self)'는 여론과 도덕적 규범과 일치한다. …

2. 나는 내가 분명하게 알지 못하는 고통스러운 내적 이유들 때
   문에 그렇게 할 수밖에 없다고 느꼈기 때문에 나의 요구를
   포기한다. 이런 이유들은 나에게 어떤 특별한 도덕적 만족감
   을 주지 않는다. 심지어 나는 그것들에 어떤 저항감을 느낀
   다. 그러나 나는 나의 자아중심적 요구를 억누르는 그 힘에
   복종해야 한다. (1954, par. 393-394)

두 번째의 경우, 양심의 요구는 합당한 논리적 근거에 의해
합리적으로 옹호되지도 지지되지도 않는 애매한 이유로 이루
어진다. 그것의 길은 어둡고 예측 불가능한 것 같으며, 그것
의 법칙은 흐릿하고, 일반적인 도덕적 명령들과는 동일시될
수 없는 것이다. 그것은 인간중심적이고 개인중심적인 것이라
서 다른 사람에게 요구할 수 없는 것을 개인에게 요구할 것이
다.
  달과 같은 현상으로서, 양심은 예측하기 매우 어렵다. 그것
이 장래에 혹은 어떤 상상의 상황에서 요구하게 되는 것은 불
확실하고 심지어 변덕스러운 것이다. 심지어 작은 자기지식
(self-knowledge)을 근거로, 우리가 자아나 페르소나(persona:
가면을 쓴 인격)를 위하여 무엇을 행할 것인지를 우리가 알
수 있는 반면에, 우리가 '양심 자체를 위해서' 무엇을 행할 것
인지는 어떤 확실성을 가지고 말할 수 없다.

더욱이, 달의 양심은 집단적 권위들과 기준들에 순응하는 것에 최고의 가치를 두지 않으며, 많은 경우 그것은 심지어 인습들에 등을 돌리고 당시의 집단적인 도덕적 확실성을 거부한다. 그것은 다소간 비합리적인 누르기 힘든 욕망으로서 등장하기 때문에 겉으로 보이기는 아무리 어둡고 알 수 없는 것일지라도 자신의 길을 가기를 고집한다. 그것은 악신의 양심이다.

해의 양심이 더 고귀한 정신적 요구들 — 더 고귀한 목적과 가치들 — 을 위해서 자아중심적 요구를 희생하기를 요구하는 반면, 달과 같은 측면에서의 양심은 자아에 대하여 덜 중요한 주장들, 아마 심지어 본성상 사악하고, 반사회적이고, 본능적이고, 혹은 유물주의적인 요구들을 준비한다. 일단 우리가 신자신에 대하여 더 이상 알지 못하고 신의 명령과 법의 완전한 계시의 전통에 의해 보장받지 못하면, 우리는 그것의 길을 확실하게 예측할 수 없는 그런 힘에 굴복한다. 그런 애매한 상황에서 자아는 또한 하나의 강박 충동을 판단하고 그것을 평가할 어떤 확실한 지침을 가지지 못한다. 즉, 그것이 양심인가? 아니면 그것이 콤플렉스의 표지인가? 규칙, 법칙, 집단적 기준, 전통적 규범 등에 관한 자아의 지식은 완전하지만, 그것은 또한 그것들과 상충하는 하나의 목소리를 듣고, '너는 해야 한다'고 단순히 요구한다. 내적 주장자가 요구하는 것은 오직 비합리적으로 '선'일 뿐이며, 그것이 거부하는 것은 '악'이다. 이런 직관적 직감 뒤에 있는 주장자는 의식적 평가의 범위를 넘어서 있다. 누가 말하고 있는가? 이것은 그것의 뿌리가 무의식적인 것에 깊게 심어져 있는 그런 유형의 양심이다.

입센(Ibsen)의 희곡 『대 건축가(*The Master Builder*)』의 주인공 솔니스(Solness)는 그에게 그의 동기를 묻는 힐다(Hilda)에 답하면서 이 문제를 언급한다. 솔니스는 그와 힐다 둘 다 트롤(troll: 북유럽신화에 나오는 동굴이나 야산에 사는 거인)에 의해, 그들 자아의 통제를 벗어난 권력들에 의해 몰리고 있음을 알고 있다. 질문은 이 권력들을 어떻게 평가하는가이다.

> 솔니스(열정적으로) : 맞아! 맞아요! 힐다! 당신 속에 트롤이 살고 있어요. 나에게도 마찬가지야. 저기 밖에서 권력을 요구하는 것은 우리 속에 살고 있는 트롤을 당신이 보지 못하기 때문이에요. 그래서 우리는 굴복해야 해요. 우리가 원하거나 원하지 않거나.
> 힐다 : 나는 당신의 말이 거의 옳다고 믿어요, 솔니스 씨.
> 솔니스(방안을 거닐면서) : 아! 힐다, 세상에는 볼 수 없는 악마들이 너무 많이 흩어져 있어요!
> 힐다 : 게다가 악마들까지?
> 솔니스(멈추고) : 선한 악마들과 악한 악마들. 금발의 악마들과 흑발의 악마들. 당신을 가지는 악마가 밝은(착한) 악마인지 어두운(나쁜) 악마인지를 당신이 늘 알고 있다면(웃으며 왔다 갔다 하면서) 간단하지 않겠어요? (1965, p.832)

『심층심리학과 하나의 새로운 윤리(*Depth Psychology and a New Ethic*)』라는 책에서 노이만(Erich Neumann)은, 그가

양심을 그렇게 부른 '목소리'는 자아의 관점으로부터 볼 때 '악한' 것으로 보이는 것을 종종 요구한다고 언급하면서, 여기서 생기는 갈등들은 수용되어야 한다고 권고한다. 놀랍게도 종종, '비윤리적인' 것으로 판명되는 것은 목소리(양심)가 가져오는 갈등을 회피하는 짓이라고 그는 말한다(1969, p.105).

## 해의 양심과 달의 양심

이 책에서 나는 복합적인 심리적 단일체인 양심의 극들을 표시하기 위하여 '해의(solar)' 그리고 '달의(lunar)'라는 형용사를 사용하고 있다. 나는 양심 자체를 모든 원형들처럼 양극적인 구조를 가진 하나의 원형으로 본다. 원형들은 인간 심리적 기능의 기본적 양식들이며, 그것들이 각 개인에게서 정확하게 동일한 방식으로 작동하지는 않지만, 적어도 모든 인간 개인들에게서 그것들의 흔적들은 있다. 양심은 보편적인 인간 경험이며, 심지어 조금 혹은 크게 변화된 형태로 동물왕국의 다른 부분들로 확대되는 것으로 나는 믿는다. 나는 이미 양심의 이런 두 가지 극들이 가진 더 일반적인 특성들에 관하여 언급했다. 이 책에서의 나의 의도는 그것들을 더욱 철저하게 밝히고 그것들 사이의 긴장들과 관계들을 논의하는 것이다.

해의 양심의 관점들과 가치들의 내용은 개인이 가지는 타인들과의 경험으로부터, 한 개인이 가정과 더 넓은 세상에서 중요한 다른 사람들과 가지는 많은 작고 큰 상호작용들로부터, 관습적이고 적절하고 정치적으로 옳은 것을 가르치는 사람으로부터 도출된다. 해의 양심은 융이 페르소나라고 부른 것에서, 그것을 통해, 그것을 대변하여 말한다. 이 구조를 통해 한 개인은 부모, 선생님, 종교적 인물, 또래들 등의 가치와 기대를 병합시키고 실현시킨다. 그러므로 해의 양심은 문화로 구성되고, 지배적인 문화 양식의 대들보로서 정신적 매트릭스 속에 자리한다.

해의 양심의 내용을 검토할 때, 그것이 포함하는 가치는 긴 집단적 전통을 통해 조심스럽게 전수되고 개선된다는 점을 알게 된다. 그러한 가치들은 문자문화라면 경전들과 처세서적, 구술문화라면 이야기나 신화 속에서 씌어지고 규범화되어 발견될 수 있다. 해의 양심은 남성적 권위인물이나 경찰로서 이미지화될 수 있는데(종종 꿈속에서 그런 것처럼), 그들이 하는 일은 조직을 유지시키고 평화를 지키고 공격, 성, 그리고 다른 충동들과 본능적 활동들을 못하게 하는 일이다. 예를 들어, 꿈속에서 아버지나 어머니는 침실 장면을 저지시킬 것이다. 해의 양심은 질서를 유지하거나 착한 사람의 이상을 펼침으로써 본능과 충동을 억압하는 데 기여할 것이며, 그래서 자기(self)의 거부된 조각들로 이루어지는 심리적인 그림자의 창조에 도움을 줄 것이다.

해의 양심이 한 개인의 사회에의 적응을 가능하게 하고 심지어 시민사회 자체를 가능하게 하는 데 — 왜냐하면 어떤 사회도 모든 개인들을 감시하기에 충분한 경찰을 지원할 수 없으며 (누가 그 경찰을 감시할 것인가?) — 중요한 역할을 하는 것은 틀림없지만, 그것은 또한 강한 부정적 특징을 가진다. 종종 해의 양심은 자아에 대하여 원시적 폭군이나 심지어 살인적인 공격자의 형태나 태도를 취한다. 이런 원시적인 발달 단계에서는, 해의 양심은 신화 속에 나타나는, 자식을 버린(child-rejecting) 사투르누스(Saturn)나 자식을 먹어치운(child-devouring) 크로노스(Kronos)와 닮는다(제2장의 논의에서 이 신들에 대한 상세한 내용을 제시할 것이다). 그것은 엄한 비난의 광선으로 자아-의식을 메마르게 만들 수 있다.

프로이트 학파의 정신분석가인 라도(Sandor Rado)는 해의 양심으로부터 학대하는 내적 공격이 일어난다면 어떤 일이 발생할지를 이론적으로 설명한다. 라도의 주장에 따르면, 양심은 '재귀적 분노(retroflected rage)', 즉 아버지나 다른 권위적 인물과 같은 적절한 대상에게로 자연스럽게 향하는 분노이지만, 처벌의 두려움 때문에 자아 자신을 향하는 분노에서 생겨난다. 그러나 재귀적 분노는 역시 그가 '반항적 분노(defiant rage)'라고 부른 더욱 원시적 형태의 분노, 즉 자아로 하여금 완전한 즉각적인 만족을 거머쥐지 못하도록 위협하는 권위적인 인물을 부숴버리는 분노로부터 도출된다. 그의 주장에 의하면, 양심을 형성하는 것은 이런 반항적 분노의 한 파편이 어느 시점에 그것의 근거지를 버리고 하나의 심적 기관을 형성하고 재귀적 분노가 되는 것이다. 재귀적 분노의 불길에 의해 최초로 생겨나고 길러진 양심의 기관이 충분히 엄격하게 될 때, 그것은 더 이상 반항적인 분노의 방출을 허용할 수 없을 정도로 자아의 탄로의 두려움을 강화시킨다. 즉, "적군, 반항적 분노는 그래서 그 자신을 버리는 자, 재귀적 분노의 도움으로 극복된다."(Rado 1960, p.328) 그러나 이제 진정한 재앙이 다가온다. 반항적 분노는 재귀적 분노의 불길을 살리는 곳으로 흘러간다. 반항적 분노는 가장 파국적이고 엄하고 살인적인 측면을 지니는 양심을 낳는다. 이런 양심의 이미지는 무시무시한 아버지(Terrible Father) ─ 그의 자식들에게 쾌락에 접근하기를 허용하기보다는 차라리 죽음을 명령하는, 프로이트가 말하는 원시 군집에서의 아버지이다.

더욱 인자한 측면에서의 해의 양심은, 착한 아버지(Good Father), 예를 들어 그의 자식들을 인도하고 안전하게 지켜주는 하느님 아버지(Heavenly Father)("주는 나의 목자시니라 …"), 혹은 생명을 부여하는 태양(Sun), 혹은 모든 것을 포함하고 유지시키는 전통 등의 많은 이미지들에서 발견할 수 있다. 그러므로 양심의 태양과 같은 측면 속에서 계속 분화가 일어난다. 나는 이런 분화들을 원시적인 것에서 개선된 것으로의 발달 수준들로 이해한다. 착한 아버지의 자비로운 목소리로서, 해의 양심은 우리 모두를 보호하고 지키는 그리고 그것이 없다면 인류가 생존할 수 없는, 사회의 질서 있는 형태와 제도들을 보호한다.

반면, 달의 양심은 자연의 불길한 목소리로 간주될 것이다. 이 양심은 바호펜(Bachofen)이 '어머니의 권리(mother right)' 라고 부른 것을 주장한다. 테미스(Themis), 디케(Dike), 마아트(Maat)와 같은 여신들의 신화적 이미지들은 질서의식을 대변하고 자연영역 그 자체 내에서의 법을 대변한다. 여기서 양심은 자연세계에 충만하며 그 세계 속에서의 의식적 동물로서의 인간을 포함하는 우주적 질서에 대한 직관을 대변한다. 그것은 '육체적 인간의 심연적 측면'에 관하여 말하고 그것을 대변하며, 본능, 육체, 물욕 등에 관하여 말하고 또 그것을 대변한다. 달의 양심은 가부장적 전통 속에서나 이미 문화적으로 만들어진 우리의 도덕체계를 통해서가 아니라 무의식을 통해, 꿈속에서, 콤플렉스들 속에서, 자발적인 사건들 속에서, 본능적 배고픔을 통해, 그리고 또한 그런 배고픔 속에 묻혀 있는 억제들을 통해 우리에게 말을 걸어온다.

해의 양심처럼, 달의 양심도 인자한 면과 처벌하는 면을 포함한다. 그것은 역시 원시적인 것에서부터 개선된 것까지의 발달의 수준들을 보인다. 긍정적이고 더 세련된 수준에서, 그것은 우리로 하여금 스스로를 양육하며 우리의 물질적 본능적 욕구를 위한 기회와 표현을 허용하도록 촉구한다. 그것은 자식을 주목하고 자식의 욕구를 기대하는 방법을 아는, 선하고 의식적인 어머니와 같다. 그것은 사물들의 직접성에 주의하고 성장을 자극한다. 그것은 수용을 촉구하고 자기(self)의 어느 부분을 최종적으로 거부하기를 회피한다.

그러나 달과 같이 달의 양심은 단계들을 가진다. 그것의 어두운 단계에는 아마 양심의 가장 밝게 빛나는 측면이 함께 있을 것이다. 달의 양심의 이 차원의 특징들은 원시적으로 복수를 요구하는 것, 정신이상적인 질병의 경향, 처벌로서의 광기 — 바실리스크의 눈(basilisk eye: 노려보는 것으로 사람을 죽인다는 눈), 광견병에 걸린 개, 세 자매의 복수의 여신(Furies), 얼음처럼 차가운 여왕 등과 같은 이미지들을 동반하는— 등이다. 파라셀수스(Paracelsus)는 달의 양심의 공격을 받고 있는 사람의 상황을 다음과 같이 묘사한다.

그 사람 속에 상상이 거대한 두려움을 만들어내고 그것을 그에게 심어주는, 절망하고 심약한 사람이 있는 곳에는 어디나, 하늘에서 별들의 도움을 받는 달이 이런 일을 일으키는 몸체이다. 그런 절망한 사람이 그의 상상에 완전히 지배된 채 달을 바라보는 경우에는 언제나, 자연의 거대한 독 거울(speculum venenosum magnum naturae) 속을 바라본다. 그래서 항성의(sidereal) 영혼과 인간의 거울(magnem hominis)은 별들과 달에 의해 오염된다. (Jung 1955-1956, par. 215)

여기에 보름달을 바라보면서 그 속에서 자연의 거대한 독 거울, 원시적인 달의 양심이 가진 박해자의 측면을 바라보고 있는 한 사람의 남자가 있다. 그것은 '거대한 두려움', 침착성을 잃고 그 자신의 본성과 사이가 좋지 않게 될 것이라는 감정들, 정신이상의 위협, 정신이상의 징후들, 심지어 질병 등을 불러일으킨다.

오레스테스(Orestes)의 이야기는 달의 양심이 가진 어두운 측면이 어떻게 생겨나는지를 말해 준다. 즉, 그는 자신의 어머니를 살해한다. 심리학적 용어로 모친살해(matricide)는 본성, 본능, 그리고 신체(soma)에 대한 엄한 제한과 억압으로 옮아간다.

## 전체성의 한 설명자로서의 양심

내가 이해한 것과 같이, 양심은 한쪽에는 태양을 다른 쪽에는 달을 가진 양극적인 구조를 가진다. 각 측면은 원시적인 것에서 개선된 것으로의 발달의 수준들로 분화된다. 양심의 주된 목표는 좁은 자아중심적 입장을 넘어서는 태도를 형성하는 것이며, 그것은 한편에서는 조화와 아름다움의 이상들과 이미지들을 제시함으로써 그리고 다른 한편에서는 양심에게 다른 사람에 대한 죄책감, 후회, 갈등, 낙담, 질병, 광기를 생기게 함으로써 그 목표를 달성하려 한다. 양심의 역설은, 그것이 자기(self)의 본능적 측면에도 목소리를 부여하고 영혼적 측면에도 목소리를 부여한다는 점이다. 그것은 본질적으로 쾌락에 반하는(antihedonic) 것이 아니며, 군트립(Guntrip 1989)이 묘사한 '리비도(본능)에 반하는 자아(antilibidinal ego)'도 아니다.

서구 문화의 고전이 된 「사도행전(Epistle)」에서 바울(St. Paul)은 '육체의 법칙(law of the flesh)'과 '영혼의 법칙(law of the mind)' 간의 전투를 묘사한다. 육체의 법칙은 흔히 본능성, 물질성, 비합리적이고 종종 어두운 무의식의 힘들과 연관된다. 성경의 전통은 육체의 법칙에서 아담의 천한 충동 이외의 어떤 것을 보는 데 실패했다. 자연 속에 하나의 영혼이 깃든다는(anima mundi) 관념이 유지된 것은 연금술과 이교도의 전통에서이다. 다른 한편, 영혼의 법칙은 위에서부터 오는 것으로, 영혼, 로고스, 태양과 관계있는 것으로 간주된다. 융이 지적했듯이, 이것은 서구의 기독교에게는 의식의 원형이 된다. 반면, 메르쿠리우스(Mercurius)라는 신화에 나오는 인물은 무의식적인 것의 원형을 대변한다(Jung 1948, par. 299). 메르쿠리우스와 예수는 완전한 자기(full self)를 상징하며, 둘 다 양심의 작용들 속에 하나의 역할을 수행한다. 그러나 이 두 인물들 간의 피할 수 없는 갈등은 양심 자체 내에서의 긴장을 야기한다. 양심은 어떤 경우에는 더 고상하고 정신적인 가치를 위해 자아의 가치를 희생시킬 것을 주장하기도 하고, 다른 경우에는 단순히 본능적이고 세속적인 가치로 보이는 것을 위해 희생할 것을 주장하기도 한다.

양심 내부에서의 이런 양극성의 결과로서, 자아가 '양심을 위하여' 일치단결하여 일방적으로 무슨 일을 하든지 그것은 역시 '양심을 위하여' 다른 경향과 조화를 이루기 위해 잘 행동하는 것일 것이다. 양심의 역설적인 성격은 양심에 융이 '심리적 타당성(psychological validity)'이라고 부른 것을 부여하는데, 그 까닭은 융에 따르면 실제로 정신의 본질은 역설적이기 때문이다(Jung 1948, par. 256). 양심은 실제적인 심리적 실체이다. 일생동안 양심과의 지속적인 만남을 통해 한 인간은 완전한 인간이 된다는 것의 의미가 가지는 신비를 만나고 인정할 수밖에 없을 것이다. 이것을 진정으로 정직하게 경험하면서, 우리는 우리가 매우 진실하게 본질적으로 되고자 하는 사람이 되는 기회를 만나게 된다.

# 제 2 장

# 해의 양심

　속담처럼 고해성사는 영혼을 위해 좋은 것이다. 융은 심리치료를 고해성사라는 고대 종교의 관행이 현대적 모습으로 이어진 것으로 간주한다(Jung 1931, par. 123 참고). 그리고 그는 깊고 어두운 비밀의 폭로를 장기적인 분석적 치료에서 주요한 실마리들 중 하나로 작용한다고 생각했다. 때때로 죄의 비밀을 고백하는 것은 심지어 하나의 치료가 되기에 충분하다.

　이것이 왜 가능할까? 그 이유는, 인간들은 죄의 비밀에 대해 침묵할 수 있는 재능을 부여받지 못했기 때문이다. 그 비밀과 연관되는 죄책감이 우리를 괴롭히거나, 오히려 우리 자신의 인격 속의 어떤 것이 우리가 그것을 토해 내고 원상태로 회복되었음을 느낄 때까지 우리를 괴롭힌다. 대부분은 아니지만 많은 현대 사람들에게 잘못에 대한 처벌은 죽을 때까지 유보되지 않는다. 처벌은 지금 일어나고 있다.

윌리엄(William)은 40대의 미혼 직장인이다. 그는 한 번도 결혼한 적이 없었고, 그의 비밀은 성적인 것이다. 그는 직업 상— 페르소나에서— 공동체의 지도자 노릇을 하고 있으며, 고도의 윤리적 기준과 행위가 중요하다고 상당한 소신을 가지고 종종 말하고 있다. 그러나 그는 매음과 거리를 둘 수 없다. 이것이 그의 아픔이며, 그 아픔이 그가 치료에서 고백해야 할 필요가 있었던 것이다.

어느 날 밤에 그는 가족 모두의 한 친구를 방문하게 되었고 예술가인 한 미혼 여성을 소개받았다고 그는 말했다. 그들은 사이좋게 대화를 나누었고 저녁식사를 한 후 술을 마셨다. 그녀는 그를 성적으로 거부한다는 어떤 신호도 보내지 않았다. 그러나 그는 첫 데이트에서 친해지고자 그녀를 압박하지 않았고, 이른 시각에 그녀를 집에 데려다주었다. 그녀는 '착한 소녀'였고, 그녀를 그렇게 분류하였기에 성적으로 만나기에는 마음이 불편하였다. 그러나 그는 대화를 나누면서 성적인 자극을 받았기 때문에 매춘부들이 있는 것으로 알려진 지역을 어슬렁거렸다. 그는 한 여자를 보고 멈추어서 잠시 이야기를 나누었고, 그녀는 그의 차에 올랐다. 그들은 어두운 밤거리를 드라이브하였고, 그녀는 옷을 벗고 그가 수음하도록 하였다. 그는 처음 만났던 곳에 그녀를 내려주고 돈을 주고 인사를 하였다. 그는 성적인 문제를 해소하고 집으로 왔지만 찜찜한 비밀을 하나 더 증가시키는 부담을 안게 되었다.

치료 기간 동안, 이 사건을 고백하면서 그는 괴로워하고 있었다. 그동안 그의 양심이 그를 편안하게 내버려두지 않았던 것이다. 그는 나에게 그 사건을 말함으로써 약간의 위안을 받기를 바랐던 것이다.

내가 말하는 **해의 양심**이라는 용어는 사고와 행동양식에 내재하면서 개인의 의식적 삶을 지배하는 가치관을 대변하는 내적인 도덕적 지침을 의미한다. 그 개인의 지배적인 의식의 양식들은 보통 당대의 집단생활 속에서의 양식들과 다소간 일치하기 때문에, 해의 양심은 일반적으로 주어진 사회의 관습들, 문화적 습관들, 사회적 법률들, 기대들을 대변한다. 해의 양심의 이미지들은 그 문화의 전형적인 역할 모델들, 남성들에겐 남성적인 모델들 그리고 여성들에겐 여성적인 모델들이다. 현재의 도덕규범의 내적 주장자로서 해의 양심은 주로 그 문화를 지배하고 대부분의 사람들이 일반적으로 개인의 행위에 대한 타당한 제한으로서 수용하는, 규칙들과 법칙들을 대변한다.

해의 양심에 내재하는 원리는, 집단은 개인보다 우선한다는 것이다. 즉, 집단의 주장은 개인적 소망과 욕망을 충족시킬 개인의 권리보다 중요하다는 것이다. 해의 양심의 내적 동인을 통해 그 개인의 자아는 그 집단의 지배적인 원형적 양식들에 복종하도록 만들어진다. 오직 법과 관습에 대한 집단의 규정들에 의해서 설정된 경계들 내에서만, 개인은 사적인 성취와 만족을 추구해야 한다. 해의 양심은 우리가 사회에 책임을 지고, 그 집단의 지배적인 양식들의 규칙과 관습을 편입하고, 이런 것들을 심지어 우리의 가장 사적인 관계들에서조차 고려하여야 한다고 요구한다.

양심의 태양과 같은 측면을 이해하는 열쇠는, 양심의 명령들이 일반적으로 알려지고 이해된다는 점을 아는 것이다. 젊은이들 속에 주입되는 공동체의 법과 이상은 신화, 책, 그리고 규범 속에 새겨지며, 또래나 선배의 모범적인 삶 속에서 구현된다. 그것들은 '밝은 곳에 있으며', 모두에게 관찰되고 인식된다. 그리고 그것들은 태양의 밝음으로 개인들에게 빛을 비춘다. 그래서 **태양과 같다**(solar)고 한다.

일단 한 젊은이가 사회적으로 지배적인 행위양식을 가진다면, 그 양식들이 구현하는 가치는 집단의 관습들에 따라서 칭찬하고 비난하는 내부 심판관 속에 응결한다. 그래서 자아는 그것의 가장 비밀스런 구석들에 빛을 비추고 몰래 판단을 전해 주는 밝은 빛에 노출된다.

해의 양심에 의해 지지되는 규범을 어기는 것은 죄의식 외에 사회적 불안을 일으킨다. 해의 양심에 의해 규범을 어기고 있다고 혐의를 받는 자아는 가정, 또래집단, 혹은 종족 공동체로부터 추방되거나 소외당할까 봐 불안을 느낀다. 집단에 대한 의무가 실현되지 않거나, 그것의 관습이 지켜지지 않거나, 그것의 규범적 행위양식이 지속적으로 지켜지지 않을 때, 그 자아는 고립과 고독의 두려움에 의해 위협을 받는다.

종종 이러한 공포는 자책, 고백에의 자책, 고백으로 이어지고 결국 그 집단으로의 복귀로 이어진다.

헤세(Hermann Hesse)의 소설 『데미안(*Demian*)』의 첫 장에서, 우리는 이런 일련의 사건들에 대한 설명을 발견할 수 있다. 젊은이로서 데미안은 다른 젊은이와 함께 '철길을 건너는' 일에 연루된다. 그 젊은이는 처음에는 데미안에게 작은 위반을 하도록 유혹하고 나중에는 계속 협력하지 않으면 폭로할 것이라고 위협한다. 협박의 위협은 데미안에게 죄책감과 불안을 가중시킨다. 헤세는 뒤따르는 불행을 정교하게 묘사한다. 근본적인 문제는 데미안이 느낀, 가정생활의 따뜻함으로부터의 소외의 감정이다. 즉, 갑자기 그는 외로운 사람, 그 자신의 집에서 낯선 사람처럼 느낀다. 결국 그의 고통은 참을 수 없게 되고 그는 그의 부모에게 죄를 고백한다. 그는 가정생활의 핵심으로 회복된다. 죄책감과 고립이 뒤따르고 고백과 회복이 뒤따르는 이런 순환적인 범죄의 양식은 해의 양심의 영역 내에서는 전형적이다.

처음에는 한 집단의 지배적인 관습들과 규범들을 끄집어내고 다음에 그것들을 자아에 적용시키는, 해의 양심은 그 이상의 영향력을 행사한다. 그것은 그러한 규범들을 고도로 추상적인 성격의 이상들로 고양시키고, 진리, 정의, 순수성과 같은 이상들로 고양시킨다. 그런 인지적 추상화를 통해 그것은 한 집단의 가장 구체적인 관습들을 택하여 높은 수준으로 완전하게 만들어 그런 추상적인 것을 자아에게 추상적인 법과 이상으로 적용시킨다. 이제 그 자아는 추상적인 완전성을 가진 자아-이상(ego-ideal)을 경험하고 그 이상을 기준으로 측정되고 있음을 느낀다.

도덕적 완전성의 기준은 해의 양심에 속한다. 이런 추상적인 이상들을 통해 개인은 주로 사회의 결점들에 반하며 그리고 사회의 특별한 개인들과 집단들에 반하는 판단을 내릴 수 있다. 그것들은 기준에 어울리지 않는다. 종종 이것은 젊은이들이 부모들과 나이 많은 세대에 반대하기 위해 사용하는 멋진 무기이다.


## 해의 양심의 발달

해의 양심이 가지는 특정한 내용들이 개인에게 어떻게 주어지는가는 복잡한 문제이며, 특히 프로이트와 피아제 같은 많은 심리학자들이 이 문제를 다루었다. 유아의 행동을 관찰해 보면 옳음과 그름이라는 말들이 한 가정이나 한 문화에 의해 규정되듯이 옳음과 그름의 선천적인 직감이 있지 않음을 알 수 있다. 유아는 도덕적 본성에 관한 지식을 전수받지 않으며, 부모의 태도와 문화의 태도를 지배하는 원형적 양식들도 출생 시 개인에게 강하고 가시적으로 형성되지 않는다.

그러나 이미 태어난 지 최초의 몇 달 동안 그리고 한 살 무렵에는 분명히, 부모의 소원과 지시에 순종하고 불복하는 아이의 성향을 보는 것이 가능해진다. 아이는 부모 말의 특정한 의미를 이해하지 못할 테지만, 지시의 일반적인 성격을 직감하고 그것에 따라서 반응한다. 이것은 부모의 목소리에서 꾸지람의 어감이나 으르는 소리를 들을 때 아이가 멈칫하는 모습으로 나타난다.

스콜(Robert Scholl)은 그의 책 『아이의 양심(*The Consci-*

*ence of Child)*』에서, 양심의 이런 측면은 아이의 부모와의 관계 속에 그리고 특별히 어머니와의 관계 속에 뿌리를 내리고 있다고 설득력 있게 주장한다. 그는 일종의 비행이 발생할 때까지 아이는 어머니와 유쾌한 조화의 감각을 경험한다고 말한다. 그 후 그 관계는 방해를 받고, 이것이 그 아이에게 불안을 불러일으킨다. 그 아이는 개선과 착한 행위로 원래의 조화를 회복시키려 노력한다. 이것은 어머니를 기쁘게 하고 어머니로부터 따뜻함과 온화함, 미소를 자아내는 행위일 것이다. 기억이 증가할수록 그 아이는 부모를 기쁘게 하는 것과 불쾌하게 하는 것이 무엇인지를 배우고, 결국 발각되지 않을 상황에서마저도 부모를 기쁘게 하려고 노력한다. 전체 드라마는 내적으로 전개된다. 스콜이 적고 있듯이, "이때가 바로 양심이 태어나는 순간이다."(1970, p.27) 나의 말로 이것은 양심의 태양과 같은 측면이 정신 속에 충분하게 응결되어 가정이나 문화에 의해 제시되는 특별한 내용들이 그곳에 굳건한 거주지를 마련할 수 있고 자아에 적용될 수 있는 순간이다. 이 순간이 될 때까지는 해의 양심은 구조적으로 마음속에 잠재되어 있고, 조직되지 않고, 무의식적이다.

스콜에 따르면, 양심의 전제조건은 어머니와의 조화로운 관계 속에서 그리고 어머니에게 안겨 보호된다는 느낌 속에서 느끼는 유아의 근본적인 안전감이다. 이런 감정이 깊어질수록 아이는 관계의 붕괴와 불화의 감정에 의해 더 근본적으로 영향을 받을 것이며, 따라서 그 아이의 양심은 더 강해질 것이다(Scholl 1970, p.29). 양심의 이런 오이디푸스 이전의 수준에서는 착한 행위에 대한 자아의 보상은 어머니와의 조화이며, 용서되지 않는 행위에 대한 처벌은 어머니와의 조화로부터 떨어져 나감에 의해 야기되는 불안, 상처받을 수 있고 고립될 수 있다는 무서운 감각이다. 양심의 태양과 같은 측면은 외부세계에 조율되고 그것을 조율하는 최초의 사람은 어머니이다.

해의 양심은 자아가 기억의 능력과 환경과의 조율의 능력을 발달시킴에 따라 형성된다. 말하자면, 무의식의 물 속에서 탄생한다. 그러나 이런 초기 단계에서의 자아는 아직 그 자체로 완전하게 자율적이고 분리된 마음의 실체는 아니며, 그 환경에서의 사람들, 주로 어머니와의 투사적 동일시에 크게 의존한다. 유아의 자아가 미분화된 자기(self)의 매트릭스로부터 응집력을 발달시킴에 따라, 양심의 원형의 태양과 같은 측면은 그 아이의 환경에서의 최초의 부모에 투사된다. 그러므로 부모와의 조화가 위협을 받을 때 그 아이가 경험하는 불안은 매우 깊으며, 자아-자기(ego-self)의 축은 이 시점에서 신뢰성과 안정성을 거의 가지지 못한다. 이런 붕괴의 위협은 다 자란 자아 콤플렉스 속에 무서운 유기(abandonment) 불안을 불러일으킨다.

이미 실존하는 자기(Self)와의 광대한 융합으로부터 점진적으로 벗어나는 자아는 그것의 단합과 안정성을 투사적 동일시의 대상들, 부모에 근본적으로 의존한다. 이런 사람들은 유아가 자신을 규정하는 준거로서의 대상들이며, 그 유아가 분리된 자아를 가진다는 심리적 직감 속에서 태어나는 것을 가능하게 만든다. 그래서 특별한 부모나 가정의 맥락 속에서 태어나면서 태도나 행위의 규범들이 그 아이에게 삼투된다.

자아의 통합과 행복의 감각의 안정성은 부모들이 지지하는 관습들과 규범들에 긍정적인 관계를 가지는 것과 그것들을 준수하는 것에 달려 있다. 옳음과 그름에 대한 아이의 최초의 지각은 가정환경과의 이런 관계를 통해 매개되며, 그것들은 본성상 구체적이다. 부모들이 구체적으로 시인하고 부인하는 것이 일종의 원형법적(proto-legal) 구조가 된다. 만약 부모가 사회의 표준 인습들과 집단적 규범들을 매개한다면, 그 아이는 부모에의 모방을 통해, 그 문화에 특정적인 기본적 적응 관례들을 배운다. 다른 한편, 부모가 사회의 전형적이고 지배적인 양식에 일치하지 않는 가치와 태도를 매개한다면, 그 아이의 이후의 사회에 대한 적응은 갈등을 빚고 문제를 일으킬 것이다.

아이들이 어머니에 대한 최초의 의존성을 떠남에 따라, 아버지가 양심의 투사의 대상으로 등장한다. 그리고 이런 발달은 양심 내에서의 깊은 분열을 초래한다. 양심의 한 극은 아버지와 동일시되는 반면 다른 극은 어머니와 동일시되어 이면에 남는다. 아버지에 연관되는 양심의 부분은 해의 양심으로 발전한다. 어머니와 함께 남는 부분은 달의 양심으로 발전한다. 이제 양심은 두 가지 이야기를 지닌 구조를 가진다.

특별히 가부장적 사회에서, 아버지는 더 큰 문화적 세계에 유행하는 지배적인 사회적 양식과 가치를 가정에 설명한다. 아버지는 문화적 세계를 자식들에게 전달하고, 가정과 절친한 인간관계 영역 밖에 있는 사회적 기대라는 개인중심적이지 않은(nonpersonal) 세계를 소개한다.

따라서 양심의 토대가 어머니와의 관계에 놓여 있는 반면, 양심의 태양과 같은 구조는 아버지와 그의 심리적 전승자에 의해 훨씬 더 중요하게 결정된다.

사회적 가치와 이상을 해의 양심의 조직 속으로 도입하는데 있어서 아버지의 영향력은 또래집단에 의해 감소되고 대체된다. 가정에 아버지가 없다면 또래집단으로의 이런 전이는 가정에 강한 아버지가 있는 경우보다 훨씬 더 일찍 발생한다. 이제 해의 양심의 내용은 투사적 동일시의 역동성을 통해 또래집단에 자리 잡게 되며, 자아는 또래들의 가치관에의 순응을 통해 그것의 정체성과 안정성을 유지하려 한다. 또래집단의 가치-결정적 그리고 이상-결정적 기능은 이상으로서 그리고 이상적인 투사의 대상으로서 평가절하되는 때인 청년기에 특히 강하다. 이제 해의 양심은 또래의 태도에 더 어울리고 또래들에 의해 화려한 진실들로 지지되는 가치와 이상을 채택한다. 이 시점에서 해의 양심을 어김으로써 야기되는 불안은 사회적 추방과 고립의 성격을 지닌다. 이것은 청년 갱들에게 개인에 대해 거대한 힘과 권위를 부여한다.

초기 성인기와 성인기에서의 발달에서, 해의 양심의 투사는 직장에, 종족이나 가정의 수용된 집단적 종교에, 사회의 더 일반적인 관습과 법과 규범에 전이된다. 직장, 종교, 문화는 이제 해의 양심에 내용을 보태고, 자아는 사회 속에서의 책임 있는 삶을 산다는 더 성인적인 가치들에 적응하고자 노력하고 집단의식과의 조화로운 관계를 가지기 위해 노력한다.

종종 심리적 인지적 발달의 어느 시점에서, 해의 양심은 구체적인 규칙들과 관습들로부터 벗어나 더욱 추상적이고 초월적이 된다. 반사작용은 직접적인 문화나 집단의 구체적 기대들과 도덕적 설득들을 비인간적이고 추상적인 가치들로 변형시킨다. 이제 이것들은 철학적이거나 신학적이 된다. 아마 부모-자식 간의 관계 속에서 일어나는 애착의 한 부분으로서 해의 양심은 여기-그리고-지금으로부터 보편적이고 정신적인 원리와 법으로 옮겨간다. 해의 양심 내에는 내재적인 로고스와의 유사성이 있는 것 같다. 그것이 어머니, 아버지, 또래집단의 대장, 그리고 교사와 같은 아주 특별한 인물들과의 투사적 동일시를 통해 전달되는 동안, 그것은 하나의 자아-이상(ego-ideal)을 대변하는 구체적인 투사의 대상들에 만족하면서 쉬지 않는다. 대신에 그것은 이런 사람들이나 집단들이 한 시대를 대변하는 원리들과 추상적인 법칙들로 상승하려고 노력한다. 이러한 추상화로의 이동에서, 개인은 해의 양심의 명령을 가진 자들을 둘러싸고 있는 구체적인 도덕적 정신적 분위기로부터 정신적 가치와 이상을 정류해 낸다. 자아는 이런 이동을 일종의 도덕적 계몽으로서 경험할 것이며, 그러한 이상들을 진리와 정의로 경험할 것이며, 자비를 그 자체로 그리고 저절로 신비로운 것으로 경험한다. 이런 가치들은 이제 더 이상 특정한 어떤 사람에 의해 대변될 필요가 없다. 그것들은 그 자체로 존재할 수 있다.

이것은 위대한 성경에서의 예언들의 경험적 배경이 되었다. 그 배경으로부터 예언들은 "정의가 강물처럼 흐르게 하라." (Amos 5:24)는 등의 불멸의 감동적인 말들을 적었고, '정의' 와 '옳음' 그 자체의 유사한 내적 경험을 고귀한 추상들로 공유하는 다른 사람들에게 호소했다. 칸트가 윤리적 명법을 설명하면서 언급하듯이, 영혼 속에 새겨진 영원한 법칙에 대한 직관이 있다. 원리들의 초월성과 명료성을 위한 이런 아폴론적인 에너지가 해의 양심 속에 들어오는 것이 결코 필연적인 것은 아니지만, 그럴 경향성과 잠재성은 양심의 태양과 같은 측면의 역동성에 속하는 것 같다.

특정한 도덕적 습관으로부터 지배적인 문화적 양식들 밑에 깔려 있는 원리와 정신적 이상으로 옮겨가면서, 해의 양심은 자아를 구체적인 인물에 대한 애착으로부터 일종의 법과 원칙 자체에 대한 사랑으로, 특정한 문화적 종교적 전통 밑에 깔려 있는 추상적 가치에 대한 깊고 열정적인 헌신으로 인도한다. 성경은 이 점을 정교하게 표현한다.

> 나의 마음을 다해 나는 그대를 찾았노라.
> 오! 나로 하여금 그대의 명령으로부터 벗어나지 않게 하소서.
> (Psalms 119:10)

> 나는 그대의 명령에서 심사숙고하고, 그리고 그대의 길을 존경한다.
> 나는 그대의 동상에 기뻐하고 나는 그대의 말을 잊지 않을

것이다. (Psalms 119:15-16)

오! 나는 그대의 법을 사랑하노라!
그것은 나의 하루 종일의 명상이니라. (Psalms 119:97)

그런데, 해의 양심으로부터 나온 신의 목소리는 법칙과 교훈 속에서 말한다. 이런 법칙들은 학습될 수 있고, 종종 성경 속에 씌어지고, 특정한 문화적 종교적 전통의 추상적 정신적 토대를 형성할 수 있다. 법의 이런 실체는, 특별한 순간에 신이 신적인 명령을 계시하기를 선택한 먼 옛날 신화적 시대에 기원을 두는 것으로 여겨진다(Eliade 1963). 해의 양심의 작동들을 통해, 법과 교훈의 정신적 전승은 개인 속에 집을 짓고 살게 되고, '신의 목소리(vox Dei)'라는 초월적인 수준으로 고양된다. 그래서 해의 양심은 그것이 법과 교훈에 관하여 내부로부터 말할 때 원초적인 계시의 순간을 재현한다.

한 개인에서 해의 양심이 나타나는 강도와 질의 문제는 발달과정에서의 실패와 곤경과 연관된다. 만약 해의 양심이 하나의 주어진 개인의 삶에서 하나의 정신적 요소로서 형성되지 않는다면, 그것은 어머니와의 관계가 정서적으로나 육체적으로 크게 장애를 입었고 아마 그 관계 자체가 존재하지 않았을 것임을 의미한다. 양심의 부재는 자폐증을 보여주는데, 마음의 중요한 한 부분에서 인간관계가 근본적으로 결여하였음을 보여준다. 어머니와 유아 사이에 결코 애착이 없었고, 따라서 어머니와의 투사적 동일시의 기회가 없었으며, 어떤 유기 불안도 없었다. 양심을 형성시킬 에너지가 부재한 것이다. 그래서 해의 양심이 형성되지 않는다. 그것은 자아에 대하여 그리고 자아에 반하여 결정적 관계를 형성한다는 의미에서 심층적으로 무의식적이고 구조적으로 형성되지 못한 채 남는다. 이런 종류의 사람은 완전하게 무의식적이거나 잠재적인 해의 양심을 가진다.

그러나 이것이 해의 양심이 그렇게까지 완전하게 비활동적임을 의미하지는 않는다. 그것은 그것의 기능을 아주 효과적으로 그러나 무의식적으로 수행한다. 반사회적 범죄는 추적할 수 있도록 범죄 현장에 신분의 흔적을 무심결에 남길 것이다. 그러한 실수는 자아가 전혀 눈치를 채지 못하게 양심이 작동하고 있음을 입증한다. 그것은 자아 속에서 죄책감과 불안을 불러일으킬 수는 없지만 그럼에도 불구하고 외적 원천들로부터의 처벌을 만들어내는 양심이다. 이런 반사회적 인격은 죄책감과 처벌이 경험되는 현장을 만듦으로써 경찰과 법정과 같은 외적 동인들로부터 양심을 행동으로 옮긴다. 상대방이 발견할 수 있도록 정사의 증거를 부주의하게 남기는 배우자도 같은 행동을 하고 있는 것이다. 그러나 이런 현상들은 달의 양심에 관한 논의에서 더 쉽게 다루어질 것이다. 다음 장에서 이 문제를 다룰 것이다.

해의 양심은 위에서 설명된 추상화로 나아가지 않고 구체적인 수준에서 고정된 채 남을 수 있다. 이것은 다른 영역에서의 인지발달에 달려 있다. 만약 인지기능의 수준에 하나의 장애가 있다면 해의 양심은 그것을 뛰어넘지 못할 것이다. 혹은 인지발달이 지성의 측면에서 일어나지만 해의 양심 속에서는 일어나지 않을 수도 있다. 그 까닭은 투사적 동일시가 그것의 대상에 고정되고, 자아가 사랑하는 그 대상으로부터 분리될 수 없기 때문이다. 우리가 해의 양심의 고유한 부분이라고 간주하는 아폴론적인 추상화 경향이 그런 경우에 하나의 정서적 관계 속에 포함되어 있으려는 더 강한 욕구에 의해 저지당한다. 추상화는 이 관계를 위협한다. 고립(separation)불안은 발달의 욕구보다 더 크다.

## 해의 양심과 자아 사이의 관계

해의 양심 형성의 최초 시기는 분명히 어머니-유아 관계 속에 자리 잡고 있지만, 성숙된 해의 양심의 정확한 형태와 감정의 질은 이어지는 아버지와 자식 간의 관계와 더 관련이 있다. 앞에서 언급했듯이, 이는 아버지가 문화적 세계를 한 개인의 심리적 삶 속으로, 어머니는 할 수 없는 방식으로 도입하기 때문이다. 어머니는 상호성과 근접성의 경험을 제공하며, 애착과 정서적 유대의 개인적 세계를 만들어준다. 아버지는 자식에게 사회적 관습과 규범의 개인중심적이지 않은 세계, 태도와 행위에 대한 문화적 기대들의 세계를 제시한다. 해의 양심은 추상화로 나아가기 때문에 그것은 어머니로부터 아버지로, 이후에는 또래집단으로, 크게 사회로 그리고 결국에는 법과 규칙 그 자체로 이동한다.

따라서 자아와 해의 양심의 관계는 한 개인과 그의 아버지와의 관계에 의해 중요한 영향을 받는다. 초자아와 자아 간의 관계의 계통발생적 선조로서, 야만적이고 횡포한 아버지와 처음에는 순종적이지만 그 다음에는 반발하는 아들로 구성된 원시 유목민에 대한 프로이트의 인류학적 성찰은 이 관계를 어떻게 고려해야 할 것인지에 대한 하나의 언급이다. 그러나 이것이 유일한 언급은 아니다. 이어서 나는 여기에 다른 모습들을 첨가하고자 한다.

신화, 종교, 우화 등에서 묘사되는 아버지-자식 관계의 이미지들에서, 우리는 자아-해의 양심 관계를 어떻게 볼 것인가에 대한 다양한 가능성들을 발견할 수 있다. 아버지가 그의 자식에 관련되는 모든 방식으로 해의 양심은 자아에 연관될 수 있다. 모든 이런 가능성들과 뉘앙스들을 고려한다면, 두 가지 극단적인 입장들이 있다. 즉, (1) 아버지와 아들은 존경과 인자한 태도에 의해 특징지어지는 관계를 맺는다. 혹은 (2) 아버지와 아들은 폭군, 고통을 줌, 반란 등에 의해 괴롭힘을 당하는 관계를 가질 것이다. 개인들에게, 문제는 일반적으로 이런 극단들 사이 어딘가에 있으며, 아마 상황, 분위기, 충동의 강도 등에 따라 몹시 흔들릴 것이다.

인자한 측면에서 아버지는 성취하였다는 감정, 능력이 있다는 감정, 자기-만족의 감정 등을 가지고 착한 행위를 한 사람에게 보상을 제공한다. 그의 요구나 이상은 아주 높고 실현할 수 없는 것은 아니다. 그가 자아의 소원과 욕망을 희생하면서 치른 대가는 너무 과도한 것은 아니다. 그는 심지어 자아를 주도면밀하고 완벽주의자가 되는 것으로부터 보호한다. 그는 인자하다.

부정적 측면에서, 아버지는 그의 자식들을 잡아먹고 삼키는 자로 간주된다. 그는 자식들을 억압하고 그들의 죄 없는 자발성들을 방해한다. 그는 그들을 불구자로 만드는 자책과 죄책감으로 처벌하고 인간 공동체로부터 고립시키고 추방하려고 위협한다.

프로이트가 처음 초자아에 대한 그의 이론을 제시할 때, 그는 자아 속에서 선을 거의 발견하지 않았다. 그것은 모진 자기공격과 죽음으로의 본능에 사로잡히는 것으로 간주되었다. 양심과 문화에 대한 이런 태도는 근대의 역사에서 그 이유를 가진다. 융은 다음과 같이 말한다.

이런 더 고차적인 세계(즉, 영혼의 세계)는 인간중심적이지 않은 성격을 가지며, 한편에서는 개인을 교육시키고 계발시키는 모든 전통적, 지적, 도덕적 가치들로 구성되며, 다른 한편 무의식의 산물들로 구성된다. 그런데 무의식은 의식에게 원형적 관념으로서 나타난다. 보통은 전자가 지배적이다. 그러나 나이에 따라 그리고 비판을 받고 약화되었을 때, 그것은 확신의 힘을 상실하고 그 간격을 메우기 위해 원형적 관념들이 끼어든다. 이런 상황을 정확하게 알아차린 프로이트는 전통적 가치들을 '초자아'라고 불렀지만, 원형적 관념들은 그에게 알려지지 않은 채 남았다. (1955-1956, par. 673)

의미와 합리성을 가지지 못하고 낡고 진부한 문명을 통해 개인의 자아에 부가될 때, 전통적 가치들 자체는 더 잘 전복되고 제거될 수 있는 무감각한 폭군으로 경험될 수 있다. 이것이 바로 20세기의 전환기의 합스부르크 비엔나(Hapsburg Vienna)에서의 문화적 분위기였던 것은 분명하다. 이런 역사적 환경에서, 초자아의 토대로서, 원시 유목민에서의 잔인한 아버지라는 프로이트의 이미지는 나름의 의미를 지닌다. 이것이 합스부르크 황제를 닮지 않았는가?

그러나 해의 양심의 이런 관점과는 대조적으로, 아버지에 대한 예수의 말씀, 동양의 조상숭배, 그리고 아버지들이 자식들에게 긍정적으로 그리고 우호적으로 관련되는 많은 이야기들, 신화들, 그리고 우화들을 볼 수 있다.

그러나 정신치료사들에게 있어, 해의 양심의 묘사로서의 아버지에 대한 부정적 이미지들이 더 매력적인 것이다. 그것들은 해의 양심의 문제 있는 점을 대변하는 이미지들이다. 이런 이미지들은 사람들의 영혼과 함께 깊게 작용하는 어떤 사람에 익숙하다. 해의 양심과 자아 간의 이런 부정적 관계가 나타날 개연성을 고려하기 위해, 나는 그리스 신화에 나오는 유명한 세 아버지 이미지들 즉, 우라노스(Uranus), 크로노스(Kronos), 그리고 제우스(Zeus)에 초점을 둘 것이다. 이 세 인물들은 세 세대의 아버지들에서의 발달을 대변한다. 이는 그리스 문화 내에서의 해의 양심의 발달을 대변한다고 볼 수밖에 없을 것이다.

신화적 아버지로서, 우라노스와 크로노스는 대체적으로 동등하다. 둘 다 엄하게 자식들을 억압한다. 우라노스는 자식들을 그들의 어머니 가이아(Gaia)에게 도로 밀어 넣었고, 크로노스는 자식들을 모두 삼켜서 배 속에 사로잡아 두었다. 그러나 해의 양심의 이미지로서 미묘하고 중요한 차이들이 있음을 언급할 필요가 있다.


## 우라노스

그리스 큰 아버지 신들의 가장 고대적이고 초기적인 신, 우라노스(Uranus)는 헤시오도스(Hesiod)에 의해 땅의 여신, 가이아의 아들로 묘사된다. 아버지 하늘(Father Sky)로서 우라노스는 밤마다 내려와서 가이아를 덮친다고 생각되었으며, 그들의 근친상간적인 동거로부터 티탄(Titan)이라고 불리는 많은 아들들이 태어났다. 아들이나 딸이나 그 자식들은 우라노스에 의해 받아들여지지 못하였고, 우라노스는 그 자식들을 자궁 속으로, 어머니 땅(Mother Earth) 속으로 도로 밀어 넣었다. 거기에서 그들은 활동성과 자유가 없어 움직이지 못하고 있었다. 결국 그 아들 중의 하나인 크로노스는 어머니 가이아에 의해서 자궁으로부터 비밀리에 나올 수 있었고, 이 반항적이고 분노한 거인 아들 크로노스는 아버지 우라노스가 그날 밤 내려왔을 때 그를 거세시켜 버렸다. 그리고 그는 그의 형제들과 자매들을 해방시켰고, 그래서 티탄의 시대가 시작되었다.

우라노스에서 아버지-자식 관계는 그 거리가 아주 멀다는 것이 그 특징이다. 즉, 우라노스는 하늘이며 그의 자식들은 땅의 자궁 속 깊은 곳에 가두어진다. 해리슨(Jane Harrison)의 관점에서 보면, 타 메타르시아(ta metarsia: 최고의 하늘, ether[정기])와 타 메테오파(ta meteopa: 최저의 하늘, weather[날씨]) 간에는 중요한 차이가 있다. 우라노스는 둘 다를 통치하지만 전자에 더 속한다. 해리슨의 말에 따르면, 우라노스는 '상층 대기의 전체적인 힘'을 대변하며, 그로부터 일부의 "티탄들이 태양-신들(Sun-Gods)로 전문화된다."(1912, pp.454-455)

플라톤은 자신의 대화편 『크라틸루스(Cratylus)』에서 우라노스는 올려본다(looking upward)는 데서부터 그렇게 불린 것으로 보는 것이 옳다고 말하면서, 올려보는 것은 순수한 마음을 얻는 방법이라고 연이어 지적한다(Hamilton and Cairns 1961, p.434). 대화편 『에피노미스(Epinomis)』에서 그는 우라노스를 신들 가운데 최고의 신으로 명명하고, 수학을 통해 지혜를 가르치고 별들과 계절들이 규칙적으로 움직이도록 먼 거리에서 통제하는, 그래서 신이 배울 수 있는 능력을 부여했던 가장 느린 동물마저 적어도 기본적인 계산의 기술은 몸에 익히도록 할 수 있는 책임을 그에게 맡긴다(ibid., pp.1520-1521).

점성술에서는, 스트라우스-클뢰베(Sigrid Strauss-Kloebe)에 따르면, 우라노스는 '초월, 초공간, 초시간'과 관계가 있다. 그녀의 말에 의하면, 우라노스는 인과성과 지속성에 관해서는 아무것도 모른다. 별점에 따르면, 우라노스는 불가해한 배경으로부터 갑자기 터져 나오는 창조적 힘으로서, 이전에는 알려지지 않았고, 새롭고, 선하든 악하든 현상의 세계에는 무관한 것처럼 보이는 힘으로서 제시된다. 그는 오직 이런 종류의 창조적 침입으로서 등장하고 영원한 것과 지속적인 업적에는 관심을 가지지 않고 순간에 자신을 실현하는 것 같다. (1934, p.443)

땅의 구체성 속에 가두어져 있는, 우라노스의 자식들에게 그 아버지는 전적으로 존재하지 않고 이해할 수 없는 존재인 것 같다. 그는 또한 하나의 적이다. 그가 대변하는 것은 그들에게는 미지의 것이다. 우라노스의 높은 정신성은 적용될 수 없는 것이며, 우라노스와 자식들 간의 관계는 충돌하고 수수께끼와 같은 것이다.

자식들이 우라노스와 그의 정신에 다가갈 수 없다는 것은 자식들이 아버지의 억압하는 힘을 겪지 않는다는 것을 의미하지 않는다. 거꾸로 자식들을 어둠 속에 가두는 사람은 바로 아버지이다. 자식들은 어머니 속에 있지만 그들에게 더 많은 분리와 자율성을 허용하지 않는 그 아버지의 엄지손가락 아래에 간접적으로 함정에 갇혀 있다.

우라노스의 구도에서, 자아는 주로 어머니의 자식으로 남는다. 노이만(Erich Neumann)은 그의 **큰 어머니**(Great Mother) 원형에 대한 방대하고 훌륭한 연구 속에서, 이런 종류의 심리적 상황에 관해 다음과 같이 적는다. 즉, "어머니들의 아들들과 함께 아버지-신은 **무시무시한 어머니**(Terrible Mother)에 의해서 은폐되며, 그리고 아들들 스스로 무의식적으로 그 자궁 속에서 단단하게 매달려 창조적이고 태양과 같은 측면으로부터 단절된다."(1974, p.189) 아버지와의 관계에 의해서 제공되는 정신적인 잠재력을 제거당한 그들은 그럼에도 불구하고 아버지의 억압적인 영향을 받는다. 그들은 어머니 속에서 함정에 갇히고 가두어지기 때문에 이런 정신 속에서 해의 양심은 추상화의 구체적이고 독단적인 수준을 초월하여 올라갈 수 없다. 법 정신에 다가갈 수 없기 때문에 자아는 자구(字句)에, 그 집단의 구체적인 관습과 규칙에 얽매이며, 항상 기쁘게 하는 것이 본질적인 그 환경에서의 권위적인 특정 인물에게 의존하고 애착한다. 특별한 관습들, 법칙들, 전통들이 절대적인 진실성의 힘을 가진다. 이것이 해의 양심의 근본주의가 된다.

만약 해의 양심이 우라노스 수준에 고정된다면, 우리는 일종의 맹목적인 전통주의와 원시적이고 무분별한 보수주의를 보게 될 것이다. 여기서 해의 양심의 내용은 무의식적으로 지켜지고, 다소간 의식적인 갈등 없이 자동적으로 수행되는 도덕적 습관들과 반응들로 구성된다. 이런 내용들은, 다르게 행동하는 것이 예의범절의 어처구니없는 위반이 된다는 것을 알고 있을 뿐 왜 그런지를 묻지 않고 허용해야 하는 사회적 문화적 기대들이다. 이러한 문화적 습관들과 양식들은 해의 양심의 (비록 인식되지는 않지만) 능동적인 동인에 의해 부가되며, 그들을 무시하거나 거부하는 것은 불안, 죄책감, 고립의 두려움을 가져온다. 여기에, 한 사람은 어떤 문화의 기반의 수준에서 살고 있으며, 그 문화는 영국인을 이탈리아인과 구별하고 프랑스인을 텍사스 사람들과 구별하는, 무의식적 혹은 반(半)의식적 가설들, 관습들, 기대들, 습관들을 주장한다.

만약 우라노스 수준이 한 개인에게 있어 해의 양심을 지배하고 특징짓는다면, 우리는 마음속의 더 이상의 특징적인 움직임을 발견할 것이다. 우라노스의 상징들은 번쩍이는 도끼와 새이다(Harrison 1912, p.176). 그리고 그 상징들은 우라노스가 '공격하는' 방식을 적절하게 특징짓는다. 우라노스적인 해의 양심은 자발적인 두려움으로서 혹은 위험을 섬광처럼 갑자기 알리는 불안한 사고를 가지고 공격한다. 우라노스의 자식들은 어머니 속에 묶여 있고, 특별히 판에 박힌 행위의 맹목적인 반복성에 순종한다. 그들은 역시 아버지의 위협 하에 살고 있는데, 아버지가 완고하고 의심이 많은 것은 그 자신의 불안의 표시이다. 그런 사람은 유순하고 순종적이며, 학대하는 권위적인 인물을 극단적으로 두려워하는 경향이 있다. 여기서는 도덕적 반성이나 혁신의 능력이 거의 없으며, 오직 규범집이나 예절지침을 참고할 능력밖에 없다.


## 크로노스

헤시오도스에 따르면, 이런 우라노스적 구도에서 벗어남은, 가이아가 자신 속으로 밀어 넣어진 자식들의 짐에 불만을 가질 때 시작한다. 자신의 자궁 속에 있는 거인 자식들의 무게와 압력 때문에 생긴 가이아의 불만은 그녀가 영웅적인 아들 크로노스(Kronos)를 통해 그녀의 남편-아들(husband-son)인 우라노스를 전복시킬 음모를 꾸미는 계획의 시작을 예고한다.

한 개인에게서, 이런 상황은 반란에 관해 꿈을 꾸고 환상에 젖으면서 의식 속에 집단적 도덕성의 규범들에 대한 차분한 복종이라는 그림 속에서 심리학적으로 설명된다. 좌절, 갈등, 분노는 변화하겠다는 심층적으로 무의식적이지만 잠재적으로 영웅적인 결정을 내부에서 조용히 형성하고 모집한다.

크로노스의 갑작스런 등장은 자아-의식(ego-consciousness)에 혁명적이고 변형적인 영향을 미친다. 의식 내에서의 태도의 극적인 역전이 있게 된다. 이전의 조용하던 자식이 반항적인 십대가 되며, 온순하고 지나치게 살찐 아내가 호랑이로 변한다. 고전적인 시대에서 이런 유형의, 역할과 태도의 역전은 그리스와 로마의 고대의 크로노스적인 축제와 사투르누스적인 축제에서 일어난다. 크로노스(사투르누스)의 축제는 춘분에 거행된다. 이때 태양은 겨울을 뚫고 봄으로 들어간다 (Harrison 1912, p.252). 아테나에우스(Atenaeus)는 이 날에 관하여 이렇게 적는다.

노예들에게 성찬을 대접하고, 주인들은 당분간 하인들의 일을 하는 것이 관례이다. 이 관례는 역시 그리스적이며, … 유사한 관행은 크레타(Creta)의 헤르마에아(Hermaea)에서 유행한다. 즉, 노예들이 대접을 받고 즐기는 반면 주인들은 하인의 일을 수행한다. (Harrison 1912, p.251)

플루타르크(Plutarch)에 따르면, 고대 그리스의 보이오티아인들은 이 날을 '착한 영혼의 날(the day of the Good Spirit)'로 불렀고, 죽은 자들의 영혼이 이 날 동안 '무덤이라는 감옥'에서 해방되었다(ibid., p.253). 이 날에는 또한 늙은 왕이 축출되고 새롭고 열정적인 젊은 영혼을 가진 왕으로 대체된다(ibid., p.223). 그래서 크로노스의 반란은 급진적인 사회적 심리적 소요, 가치의 전도, 자유와 열린 가능성을 즐김, 오래되고 죽어가는 질서에 대한 난폭하고 혁명적인 태도 등에 의해 특징지어진다.

그러나 모든 이런 소요와 혁명적인 열정에도 불구하고 사정은 본질적으로 변하지 않는다. 그것은 오직 순간적인 혁명, 심지어 '하루 동안의 왕(king for a day)'이라는, 몸짓으로 말을 알아맞히는 게임일 뿐이다. 왜냐하면 그 다음 날 그 노예들은 다시 그들의 지역에 있어야 하고 주인들은 그들의 궁전에 있기 때문이다. 크로노스는 그의 아버지 우라노스와 크게 다르지 않고, 다만 동일한 불안들의 또 다른 모습이기 때문이다.

크로노스 역시 그의 자식들을 억압한다. 그는 그의 여동생 레아(Rhea)와 결혼하였고 레아는 아들과 딸을 많이 출산하였다. 그런데 크로노스는 그 이전의 세대에서 그의 아버지가 그랬듯이 점점 더 불안해진다. 그의 자식들 가운데에서 하나가 그가 그의 아버지를 전복시켰듯이 그 자신을 전복시킬 것이라고 예언하는 신의 말씀 때문이었다. 그래서 크로노스는 그의 자식들을 모두 삼켜버린다. 그는 자식들의 심리적 정신적 독립을 접수함으로써 그의 자식들의 생명들을 먹어버리는 그런 아버지 유형이다. 그는 자식들을 자신 속으로 흡수한다. 그래서 해의 양심에서의 혁명적 변화인 것처럼 보이는 것이 사실은 그렇게 크지 않다. 분명히 해의 양심 내에서 변화가 있으며, 그것은 인지적 발달과, 가치들과 이상들을 고상하게 만들기 위해 잠재적인 것의 방출에 의해 특징지어진다. 구체적인 관습들과 관례들로부터 의미들과 원리들이 추출되고, 법 관념이 발달한다. 그러나 해의 양심의 자아와의 관계는 가혹하고, 억압적이고, 이제 또한 먹어치우는 관계로 남는다.

우라노스적 구조에서 크로노스적 구조로의 이런 발달을 통해, 해의 양심은 그것의 영향력이 점점 꾸준하게 그리고 동시에 여러 곳들에 나타나게 된다. 이전에 그것은 불안의 격발, 광란의 공격과 같은 순간적이고 자의적인 공격이었다. 이제 태양과 같은 이상들과 정신적인 가치들은 지속적인 현장감독, 저 아래 정오의 들판을 뜨겁고 밝게 불태우는 태양, 사상과 행동을 지켜보고 기록하는 하늘의 아버지 등의 이미지로 자아를 감독하게 된다. 일반적으로 도덕철학자들에 의해 가장 바람직스럽고 칭찬할 만한 윤리적 입장으로 박수를 받는, 무겁고 지속적인 의무감이 작동하기 시작한다. 그러나 이제 의무는 그 환경에서의 구체적인 인물이나 특정한 문화적 요구들에의 복종으로서가 아니라 영혼에의 복종 그리고 관계들이나 문화의 관념에의 복종 그리고 진리, 정의, 자비, 옳음 등과 같은 이상들에의 복종으로서이다. 노이만에 따르면, 결과적으로 한 사람은 "그의 세속적 부분들, 그의 본능들로부터 분리를 통하여 그의 이중적 성격의 의식을" 상실하는 경험을 한다 (Neumann 1954, p.187). 크로노스는 그의 자식들을 그 자신 속으로 데려간다. 그래서 그들을 땅, 그들의 몸들과 그들의 본능들로부터 근본적으로 분리시키고, 그리고 거기서 그는 추상적인 정신적 이상들과 가치들에 그들을 속박시킨다. 이것이 성경적 남자(biblical man)이다.

크로노스 수준의 구조에서, 해의 양심은 최고의 가장 엄격한 원리들에 따라서 판단하고, 속임수와 몸짓으로 말을 알아맞히는 게임과 도덕적 타협을 날카롭게 간파하며, 그것은 순수성과 도덕적 완전성의 이상들에서 벗어나는 환상과 행동에 대해 내적으로 수치심과 죄책감을 불러일으킬 수 있다.

이런 사람들은 고도로 민감한 양심을 가진 사람들이다. 입센의 대 건축가 솔니스가 그런 인물이다. 그는 그의 아내와의 결혼을 성사시켰던 집을 불태워버렸던 화재 사건, 그를 크게 성공하게 만들었지만 역시 그의 결혼생활과 가정을 파탄시켰던 사건에 대하여 스스로를 질책한다. 그가 젊은 여성 힐다에게 그의 고통스러운 추론을 설명한 후, 그들은 다음과 같은 언쟁을 가진다.

힐다(그를 주목하면서) : 솔니스 씨, 당신은 병이 들었군요. 아주 심한 병이. 나는 그렇게 생각해요.
솔니스 : 미쳤다고. 당신은 그렇게 말할 수 있어요. 그게 당신이 하고 싶은 말이죠.
힐다 : 아니요. 당신이 이성을 잃었다고는 생각하지 않아요.

솔니스 : 그럼, 무엇인가요? 말 좀 하세요.

힐다 : 나는 당신이 아마 나약한 양심을 가진 삶을 시작하지 않았을까 생각하고 있어요.

솔니스 : 나약한 양심이라고? 도대체 그건 무슨 뜻이죠?

힐다 : 당신의 양심이 매우 연약하다는 뜻이죠. 지나치게 정밀한, 그런 종류의 양심이죠. 무거운 것을 집어 들고 날라야지, 물건들과 다투어서는 안 되죠.

솔니스(투덜거리면서) : 음! 당신은 무슨 양심을 가져야 한다고 생각합니까?

힐다 : 당신의 양심이 완전하였기를, 아주 건전하였기를 바랄 뿐이요.

솔니스 : 아! 건전하다고? 당신이 건전한 양심을 가지고 있다고 생각해요?

힐다 : 그래요. 나는 그렇게 생각해요. 나는 그렇지 않다고 말한 적이 없어요.

솔니스 : 나는 당신이 승인할 만한 진정한 시험을 해본 적이 없다고 말하고 싶군요. (Ibsen 1965, p.831)


이 훌륭한 희곡에서 입센이 보여주고자 했던 것은 그리스 비극에서의 직관들을 번역하는 일이다. 그런데 그 직관들은 항상 내적 경험, 내면성의 단계에서 운명적인 사건들과 역사적 시행을 통하여 발생한다. 융이 말했듯이, 신들은 사라지지 않았고 그들은 우리의 질병들이 되었다(1957, par. 54). 그리스 사람들이 크로노스로서 그리고 라틴 사람들이 사투르누스로서 투사했던 것을 우리 현대인들은 양심으로 경험한다. 그리고 크로노스-사투르누스의 자식은 만성적인 죄책감과 자책이 없이 불타는 양심을 가진 대 건축가 솔니스와 많이 닮았다.

크로노스 자신은 반란과 난폭한 전복의 위협을 받으면서 살고 있다. 격변이 일어나고 권좌에서 쫓겨날 것이라는 두려움이 그의 엄격함을 강화시킨다. 사회의 법령에 기록될 뿐만 아니라 종종 아버지-자식 관계의 미묘한 배경에서 발견되는, 미묘하고 넓게 퍼진 의혹이 그의 지배를 구별시켜 준다. 크로노스적인 극단적 방어성의 한 실례는 1715년에 공포된 '코네티컷 주의 법령(Acts and Laws of the Colony of Connecticut)'이라는 제목의 문서에 법으로 작성되어 발견된다. 거기에는 12가지 죽을죄들의 목록이 있는데, 그 중 다음과 같은 것이 있다.

> 만약 어떤 사람이 충분한 분별력을 지닌, 즉 16세 이상의, 완고하고 반항적인 아들을 두었는데, 그의 아버지의 목소리나 어머니의 목소리에 순종하지 않고, 부모들이 질책했을 때 그들의 말을 경청하지 않는다면, 친부모인 그의 아버지나 어머니는 그를 체포하여 법정의 치안판사들에게 보내서 자신의 아들이 완고하고 반항적이라는 사실을 그 치안판사들에게 입증해야 한다. … 그리고 그런 아들은 사형에 처해져야 한다. (Alsop 1972에서 인용)

크로노스적 양심이 문화적 그리고 가정적 가치관에 끼어들고 자아를 지배하기 위해 사용할 수 있는 것은 이런 종류의 잔인하고 권위적인 태도이다.

그러나 이것은 크로노스와, 이런 유형의 해의 양심이 마음에 미치는 영향에 관한 전체적인 이야기를 해주지 못한다. 크로노스에게는 또 다른 하나의 측면, 더욱 온화하고 긍정적인 측면이 있다. 여기서 해의 양심의 긍정적 측면을 발견할 수 있다. 플라톤, 오르페우스교도들은 크로노스를 에니아우토스(eniautos) 즉, 자신 속에 모든 것을 가진 사람과 동일시했다(Harrison 1912, p.186). 신년 축제에서 크로노스는 '에니아우토스-다이몬', 다산의 영혼으로 소개되었다. 크로노스의 다산성과 해의 양심의 다산성을 이해하기 위해서는 이런 유형의 해의 양심이 자아-의식 내에서 만들어내는 갈등들의 잠재적 가치를 바라보아야 한다.

크로노스는 한 사람을 어머니로부터, 육체와의 구체적인 동일시와 본능과의 결합 등으로부터 해방시키고, 자동적이고 반사작용적이지 않은 충동의 만족을 막는 장애물을 설치한다. 크로노스적인 해의 양심은 한편으로는 고상한 이상들을 가지고 유혹하면서, 다른 한편으로는 죄책감으로 벌을 내린다. 융이 지적하듯이, 그러한 **자연에 반하는 인공**(opus contra naturam)의 한 중요한 결과는 더 큰 자각이다.

그의 '자연적' 조건에서 인간은 선하지도 순수하지도 않고, 만약 그가 자연적인 방식으로 발달한다면, 그 결과는 동물과는 본질적으로 다르지 않은 하나의 생산물일 것이다. 만약 주인(Master)이 선과 악 간의 차이를 소개하고 악을 불법화시킴으로써 자연적인 존재의 자유로운 발달을 방해하지 않았다면, 죄책감에 의해서 고통을 받지 않는 순수한 본능성과 순박한 무의식이 우세할 것이다. 죄책감이 없다면 어떤 도덕의식도 없으며, 차이에 대한 자각이 없다면 어떤 의식도 전혀 없을 것이기 때문에, 우리는 영혼의 주인의 이상한 개입이 어떤 종류의 의식의 발달에는 절대적으로 필요하고 이런 의미에서 선을 위해서 절대적으로 필요하다고 시인해야 한다. (1948, par. 244)

해의 양심은 의식이 지속적이고 차이를 만들어내고 분화시키는 기능을 하는 데 어느 정도의 역할을 하고, 도덕적 요소를 그것에의 지속적인 역할자로서 추가시킨다. 의식을 만드는 이런 과정에서의 크로노스의 특정한 기여는 콤플렉스들, 정서들, 충동들에 의해 도덕적 의식이 씻겨 나가지 않도록 지키기 위해 일종의 접착제나 시멘트를 도입하는 일이다. 해의 양심은 선과 악의 차이의 각도를 급박하게 만들고, 그것들의 극적인 관계를 더 엄한 긴장으로 가져간다. 우리가 크로노스-사투르누스를 다산성의 영혼으로 명명하는 의미를 발견하는 것이 바로 이런 긴장의 조성에서이다.

예리한 경계를 설정하고 경계선을 정하는 것이 크로노스-사투르누스의 본성이다. 그도 역시 억제한다. 사투르누스의 금속은 납으로 간주되었다. 힐만(James Hillmann)은 "알베르투스 마그누스(Albertus Magnus)에 따르면, 어떤 종류의 성적 문란을 납으로써 제어할 수 있다."고 적는다. 즉, "납의 효능은 차갑고 억제하는 것이며, 그것은 정욕과 야간의 에너지 방출에 대해 특별한 힘을 발휘한다."(1970, p.155)

크로노스-사투르누스는 리비도적 욕망의 흐름을 억제한다.

그는 성적으로 무력한 신이다. 그러나 억제와 무력이 반드시 맹목적인 뒷골목을 구성하는 것은 아니다. 힐만이 적고 있듯이, "성은 외재성, 성교의 기쁨, 쉼 없는 생식 속에서 고갈되는" 반면, 크로노스는 "고양된 상상력으로" 인도할 수 있다 (ibid).

크로노스는 경계와 한계를 설정하고, 선과 악 간의 긴장을 팽팽하게 하는 반면, 또한 자아-의식의 태도를 집중시키고 응고시키고 그것에게 단단함과 무게를 부여한다. 도덕적 상상력에 대한 관심의 집중은 비록 그것이 외향적 확장성을 저지하지만, 작은 것의 특별한 힘— 펜의 힘, 상징적 표현들의 힘, 예술의 힘을 가져온다. 디오도루스(Diodorus)는 크로노스가 인류문화에 문명화된 삶의 방식을 도입했다고 주장하였다 (Harrison 1912, p.252). 작은 것 그리고 도덕적 상상력의 힘은 우리가 보통 인격이라고 부르는 것의 측면들이다. 그러한 인격 발달은 분명히 문화와 사회질서를 위한 것이지만, 역시 그것은 그 개인의 사적인 발달을 증진시키는 데도 기여한다. 몸에 밴 도덕성의 기미가 없다면, 어두운 그림자가 다가오더라도 걱정되지 않을 것이며, "자신의 심상을 통해 볼 수밖에 없고 아니마의 본성을 인정할 수밖에 없을 때 누구나 느끼는 거친 반감을 가지고" 대응하지 않을 것이다(Jung 1955-1956, par. 674). 순수한 속박된 자연주의의 태도의 결과는 "도덕적 반응이 없기 때문에 그 통찰력이 효과를 상실하게 되는 것일 것이다."(ibid) 사실, 그림자의 충동과 아니마의 환상들을 견디어 내는 것에 너무 쉽게 유혹을 받을 것이다. 만일 이런 경향이 우세하다면 개인화의 과정은 거의 성과를 내지 못할 것이다(연금술의 이미지에서, 수은은 용기를 빠져나간다). 왜냐하면 그림자와 아니마는 자아로부터의 저항에 직면하지 않고서는 그들의 보석들을 주지 않을 것이기 때문이다. 이런 도덕적 저항의 시행자— 때로는 잔인하고 비타협적이고 항상 유혹에 귀먹은— 가 크로노스적 해의 양심이다.

정신분석을 받고 있는 어떤 사람이 다음과 같은 꿈을 말했다.

나는 물웅덩이 속에 있다. 그 웅덩이는 나무들과 꽃들과 관목들이 있는 정원에 둘러싸여 있다. 울타리가 전 정원에 둘러쳐져 있다. 나는 문을 올려다보고 한 마리의 짐승, 한 마리의 뱀-악어를 보는데, 그것은 뒷다리로 곧추 서서 문을 점검하고 나가려고 시도한다. 그것이 정말로 탈출할 것인지 두려워서 나는 서서 지켜본다. 결국 그것은 문을 통하여 나와서 사라진다. 이제 내가 언덕의 가장자리를 달려 내려가고 있다. 마치 내가 날 수 있는 것처럼. 바닥에서 나는 갑자기 몇 개의 열린 무덤들을 만난다. 그 무덤 하나 속에 죽은 뱀-악어가 박제된 것처럼 보이며 놓여 있다. …

이 꿈을 꾼 사람은 결혼에 심각한 문제들을 지닌 한 젊은이였다. 그 꿈을 꾸기 직전, 그는 혼외정사를 가졌다. 그는 이 꿈이 거세 불안을 나타내며(그가 성기의 상징으로 보았던 뱀-악어의 죽음), 그가 그 정사에 대해 어떤 죄책감도 느끼지 않기 때문에 거세시키는 힘이 외부에서 온다고 생각했다.

웅덩이와 정원은 꿈과 예술에서 익숙한 이미지들이다. 이 경우 그것들은 감정전이와 정신분석을 받고 있는 상황을 가리킨다. 분석하는 사람은 부재하며, 그가 행사하는 통제력은 무엇이든 보이지 않는다. 뱀-악어의 봉쇄는 울타리와 문에 맡겨진다. 울타리, 문, 경계, 출입통제 — 이런 이미지들은 크로노스적 해의 양심의 활동과 역할을 가리킨다. 여기서 이런 경계들은 분석 작업에 어울린다. 그것들은 이 작업에서 해방될 것을 봉쇄하는 것들이다. 우리는 여기서 용기의 마개를 막고 영혼 수은을 담가두는 연금술의 문제를 보게 된다.

이 꿈에서 무의식적인 것으로부터 해방되는 것은 뱀-악어로 대변된다. 뱀과 악어에는 많은 의미들과 확대된 의미들이 있다. 이 경우에 적절한 의미들 중 일부는 다음과 같다. 뱀은 아마 가장 신비하고 위협적이고 환상적이고 무의식적인 심층심리를 상징할 것이다. 그것은 해독을 끼칠 수 있고 치료를 해줄 수 있다. 그것은 물질과 영혼의 상반된 것들을 가지고, 종종 무의식적인 것 자체의 영혼을 상징한다. 이 꿈의 경우, 그것은 남근적이기도 하고 영혼적이기도 하다(팽창하고 곧추서고 인간과 유사한 자세가 그것을 보여준다). 더욱이 뱀의 상징은 악어의 속성들을 포함한다. 그것은 일반적으로 위협적이고 날카로운 이를 가지고 있으며 모성적인 괴물이다.

분석을 통해 무의식적인 것에서 해방될 이 동물은 분석의 경계들을 넘어 외부세계로 탈출하기를 원한다. 외부로, 환상의 구체적 실현으로의 이런 방향 전환이 정신분석을 받는 사람의 의식적 태도의 특징이다. 즉, 환상이 행동으로 실행될 수 없다면 무가치한 것으로 간주될 것이다. 꿈에서의 자아는 실행의 위험을 알고 있으며, 그 두려움 때문에 울타리와 문과 비밀리에 일종의 연합을 하게 된다. 뱀-악어가 도망갈 때, 강도(집중성, intensity)의 상실 대가로 크기(공간성, extensity)가 주어진다. 동물은 힘이 빠지고 밖에서 죽거나 죽임을 당한다.

문이 충동을 막을 수 없다는 것이 크로노스적 해의 양심에서 지키는 요새들의 구조적 약점을 보여준다. 이와 같은 사례들에서, 봉쇄하는 심리적 태도가 부재하고, 그것을 분석하고 철저하게 연구하기에 충분할 정도로 오랫동안 의식 내의 본능(리비도)의 막강한 격정을 유지시키는 능력이 부족함을 볼 때, 그 분석가의 과제는 그 문, 크로노스적 해의 양심을 강화시키는 일이다. 심리학적인 마인드를 가진 분석가는 주로 사회를 위해서가 아니라(비록 이것도 하나의 강한 동기일 테지만) 분석을 받는 그 사람의 개인적 성장을 위해서 그렇게 할 것이다. 뱀-악어를 만나고 싸울 때 그 인격은 그렇지 않으면 갖지 못할 창조적 열정과 심층적인 집중성을 얻는다. 이것은 그렇지 않으면 이용할 수 없는, 잠재된 부와 에너지의 원천들로 다가가도록 약속한다. 동물 본성의 이런 저지는 울타리와 문의 강함과 통합에 의존하는 것이다.

작은 것의 강한 창조적 힘은 크로노스의 아들 에니아우토스(eniautos)이다. "그는 모든 것을 그 자신 속에 가진다." 크로노스적 해의 양심은 ― 그것의 고상한 정신적 이상들, 정오의 태양처럼 꾸준하게 아래를 향해 불타고 있는 그것의 고도로 비판적인 태도, 그것의 엄격한 윤리적 요구 등을 가진 ―

자아를 향할 때, 그것은 자아-이상과, 잔인한 죄책감의 위협을 통해 지배한다. 그것은 또한 사회에 관심을 돌릴 수 있고 유토피아에 대한 비전을 제시함으로써 인과적 문제해결과 집단생활의 타협적인 정치적 문제해결을 격렬하게 비판한다. 플라톤과 성경의 예언자들로부터 토머스 모어(Thomas More), 마르크스와 엥겔스를 거쳐 오늘날의 과격론자들에 이르는, 사회적 이상주의들은 그의 문이 밖을 바라보고 있는 크로노스적 해의 양심의 영향과 보호 하에 있는 것이다. 크로노스에게서, 우리는 일시적인 자비의 노동에 만족하지 않는, 일종의 해의 양심을 발견한다. 사회적 이상주의자들은 추상적인 이상과 규범과 기준의 체계에 따라 사회의 구조를 재조직하고자 한다.

플라톤은 다소간 유토피아의 모든 비전들을 특징짓는 낙원의 이미지들을 가지고 '크로노스의 시대'를 묘사한다.

신은 인간에게 친절하게도 … 우리 인간에게 편리한 일이 되는 것 못지않게 그들 영혼들 스스로에게도 쉬운 일이 되는, 우리 인간을 관리할 우월한 영혼 종족을 인간에게 양도했고, 인간에게 평화와 자비, 건전한 법과 충분한 정의를 제공하였고, 인류의 가정들에게 내적 화합과 행복을 부여했다. (Hamilton and Cairn 1961, pp.1304-1305)

이런 상상 속의 유토피아적인 사회에는, 만행도 없고 어떤 동물의 다른 동물에 대한 포식도 없으며, 어떤 식의 전쟁이나 투쟁도 없었다. 신 크로노스가 목자였을 때, 어떤 정치기관도, 아내를 두는 것도, 자식의 출산도 없었다. 새로운 사람들이 땅으로부터 직접 나왔고, 이전의 것들에 대한 어떤 기억도 가지고 있지 않았다. 어떤 원한도 없었다. 나무와 풀로부터 열리지 않는 과일과 야채들이 있었고, 그것들은 어떤 재배를 필요로 하지 않았으며 인간의 노력 없이 땅으로부터 생겨났다. 인간들은 옷도 집도 필요 없이 야외를 돌아다녔다. 계절들이 골고루 잘 섞여 있기에 누구에게도 손상을 주지 않았기 때문이었다. 땅에서 솟아난 풍부한 풀은 인간들에게 부드러운 침대가 되었다.

플라톤이 묘사하듯이, 크로노스의 황금의 시대에는 우리가 염소들은 염소들이 책임지게 하고 소들은 소들이 책임지게 하듯이, 인간들이 다른 인간들을 지배하지 않았지만, 신이 세계를 왕국의 영역들로 나누었고 각 부분에 우월한 영혼들을 배치시켰다. 여기서 우리는 다시 이상적인 것이 우월하다는 관념을 보게 된다. 즉, 영혼들은 타락하지도 뇌물을 받지도 않으며, 정치적 타협과 조정은 그래서 생각할 수 없다.

환상적인 사회적 자각으로서, 크로노스적 해의 양심은 급진적 비판을 시작하고 유토피아적인 차원을 가지고 이상적인 기본구조들을 만든다. 물론, 여기에는 철저한 파괴, 낡은 질서를 거세하고, 찢고 태우고, 모든 이데올로기적으로 의심하는 자들을 적으로 간주하려는 난폭한 충동이 있다. 그들의 유일한 정당한 보상은 지옥의 함정으로 보내지는 것이다. 즉,

… 신을 믿지 않는 그리고 사악한 사람은 이른바 타르타로스 (Tartaros)라는 복수와 처벌의 감옥으로 떠난다. (Plato, *Gorgias*, in Hamilton and Cairns 1961, p.304)

이데올로기적 기준과 이상적인 규범에 따라서 친구와 적을 가름하고, 우리 편에 서지 않는 모든 사람들은 우리의 반대편이라고 간주하고, 공격자들을 추방, 고문, 치욕 등으로 처벌한다. 자비와 인간의 나약함에 대한 이해에 의해서 완화되지 않는 이 모든 불굴의 정의는 크로노스의 영역에 속한다. 죄에 대한 사후의 처벌이라는 이런 상상적이고 생생한 관념은 역시 기독교 전통에 깊이 새겨져 있다. 현대인들에게 이것은 입센의 『대 건축가』에서의 솔니스와 같은 인물에 의해 묘사되는 식으로, 내면화되고 경험된다.

급진적 비판과 유토피아적 비전이 사회에 미치는 영향은 충격, 긴장, 수세적 자세, 지배자들을 대신하는 자기의식 등이다. 그리고 크로노스적 해의 양심의 활동이 가진 창조적 잠재력은 그렇게 피치를 조이고 긴장을 고조시키는 데에 있다. 정치인들의 냉소적인 유연성은 도전을 받게 되고, 권력 브로커들의 잠긴 문은 깨져서 열리고, 귀족은 책임이 없다는 신성불가침한 가정들은 문제시된다. 크로노스적 사회비판가들은 권력 상인들의 그림자에서 거름과 썩은 것, 그리고 퇴폐를 낌새채고 집단의식에 비추어서 그들이 발견한 것들을 폭로한다. 그들은 오늘날의 탐구적인 저널리스트들이다. 도덕적 타락이라는 거름을 살포하고 윤리적 성찰에 비추어 그것을 폭로하는 것은, 사회를 무기력 상태에서 구해 내고 사회를 조금씩 더 이상적인 사회질서의 이미지들 속으로 추진함으로써 집단적 삶을 풍요롭게 만든다. 비록 크로노스적 비판가가 권력 엘리트들 사이에 보수적인 단결만을 만들어내지만, 그들은 여전히 의식과 사회적 자각의 수준을 높이는 데 기여한다. 기껏해야 그들은 한 사회의 도덕적 천재들이다. 즉, 간디, 마틴 루터킹, 슈바이처 등과 같은 사람들이다. 인류 공동체는 해의 양심의 이런 대변자들을 필요로 한다.

그리스적인 발달 노선에서 다음의 신화적 아버지는 제우스 (Zeus)이다. 제우스가 해의 양심을 지배하게 되자, 우리는 억압의 측면들(제우스는 타르타로스[Tartaros: 지옥 아래의 햇볕이 들지 않는 심연]에 티탄들[거인들]을 가두어버린다)과 자식을 먹어치우는 것(제우스는 메티스[Metis]를 삼켰는데, 그녀는 그의 자식을 임신하였고 나중에 그의 머리로 태어나 아테나[Athena]가 되었다)을 다시 한번 발견한다. 그러나 제우스의 권세는 훨씬 더 큰 유연성을 보여준다. 즉, 그는 자신의 왕국에서 선과 악이 노는 것을 허용하고, 올림포스 산 (Olympus)에서의 논쟁을 허용한다. 해의 양심의 구조 속에서 제우스가 가지는 의미와 이미지는 제4장에서 다룰 것이다. 거기서 나는 이제 다루게 될 달의 양심의 한 측면인 테미스 (Themis)와 제우스의 최초의 결혼에 비추어 그를 논의할 것이다.

# 제 3 장
# 달 의 양 심

글자 그대로 사람들을 죽이고 그들을 미치게 할 수 있는 나쁜 양심이 문화의 산물일 뿐만 아니라 자연의 산물일 수 있는가? 나쁘게 행동함으로써 우리 스스로에게 치명적인 육체적 정신적 질병을 초래할 수 있다는 넓게 받아들여지는 확신과 함께 긍정적인 답변이 주어진다. 죄책감은 나쁜 양심의 유일한 처벌이 아니다.

이런 관점은 고대의, 운명을 맡은 세 여신(Fates)과 네메시스(Nemesis: 복수의 여신, 천벌)의 관념과 어울린다. 도덕적 가치가 문화에 의해서 뿐만 아니라 인간의 본성 자체에 의해서도 추진될 수 있다는 지각은 고대에 뿌리를 가지는 관념이다. 아마 인간의 마음은 윤리적 민감성이 적어도 부분적으로는 전수되는 식으로 구성되는 것 같다.

나는 해의 양심은 법의 원천이며, 한 특정 사회의 법의 내적 대변인인 반면, 달의 양심은 정의의 지각의 원천이며, 특정 사회를 지배하는, 공통적으로 수용되는 규칙들과 규제들을 초월하는 '공동의 법에' 의존하지 않거나 그것을 반영하지 않는, 옳음과 그름에 관한 더 깊은 직감의 원천이라고 주장하고자 한다. 엄격함을 위해 이 모든 것을 회의적으로 주의하는 것이 필요하겠지만, 제기된 질문은 논의할 만한 가치를 지닌다.

고대 그리스의 아트레우스(Atreus) 가문에 관한 비극적인 이야기는 한 세대에서의 악한 행동이 모든 후손들에게, 심지어 유전적으로 멸종될 것이라는 위협을 줄 정도로 영향을 미친다는 점을 말한다. 마찬가지로, 기독교에서의 원죄의 관념도 아담과 이브의 죄 있는 불복종의 행위는 전 인류에게 비극적 길을 가도록 만들었다. 범죄와 처벌에 관한 이런 오래된 믿음과 교훈은 그것에 관한 우리의 습관적인 개인적 사고방식을 확대 해석하게 하는, 양심의 주제에 전망을 연다. 아마 양심은 그렇게 개인적이지도 문화에 묶여버린 것도 아닌 것 같다.

우리가 양심을 달과 같은 시각에서 접근할 때 우리의 관심은 도덕적 내용의 개인적 그리고 심지어 문화적 사회적 결정요소로부터 인간본성의 무의식적인 원형적 측면들, 그리고 도덕적 지침과 가치의 원천으로서 본능 그리고 육체로 이동할 것이다. 가정에 의해서, 사회에 의해서, 집단적 종교에 의해서 종종 설정되는 것으로 옳음과 그름에 관한 확실성을 외면하고, 이제 우리는 그런 현상들을 윤리적 강요들의 이상한 역설들과 무의식적으로 지지되는 도덕적 대응들의 이상한 현전으로 간주할 것이다. 그리고 정신병 증후군 특히 경계 인격 장애는 달의 양심의 한 기능으로 간주할 것이다. 그리고 정신병과 동시적 파국을 나쁜 양심의 흔적으로 간주할 것이다. 나쁜 믿음을 가지고 삶을 살아가는 것, 특히 인간 삶의 기본 양식을 살아가는 것은 한 개인이나 종족이나 가정을, 동양의 전통에서는 업(bad karma, 악연)으로 불리는, 양심의 사슬에 묶이게 한다는 것이 이 생각이다. 우리는 또한 자아를 도덕적 완벽주의(perfectionism)라는 좁은 길이 아니라 전체성(wholeness)과 완전성(completeness)으로의 길을 가도록 강요할 일종의 양심이 가지는 함의들을 탐구할 것이다. 만약 우리가 그 수확으로 해의 양심에서 법에 대한 사랑(love of law)을 발견한다면, 여기서 우리는 달과 같은 사랑의 법칙(a lunar law of love)의 흔적들을 찾을 것이다.

문화와 자연에 관한 어려운 질문을 다룸에 있어, '우리는 양심에 관해 어느 정도를 말하고 있는가?'라는 질문이 곧 제기될 것이다. 인간본성에, '어머니'에, 무의식적인 것에, 양심이라는 이름으로 부를 수 있는 것이 있는가? 가치와 도덕은 가르쳐져야 하지 않는가? 양심이라는 단어의 어원은 이런 신념을 확고한 것으로 만든다. 왜냐하면 'con science'는 '함께 앎', 혹은 집단의 의식에 일반적으로 알려지고 집단에 공동으로 주장되는 것을 의미하기 때문이다.

그러나 달의 양심은 함께 함(togetherness)의 관념에 대한 다른 방식의 이해를 제시한다. 한 집단의 의식 속에가 아니라 무의식적인 것의 층, 융이 집단 무의식이라고 불렀던 것에 근거를 두는 방식을 제시하는 것이다. 달의 양심은 인간적인 것으로 일반적으로 알려지고 받아들여지지만, 그것이 마음의 심층에 있는 공동의 토대로부터 올라와서 일종의 집단적인 도덕적 상식을 형성하기 때문에 알려지고 받아들여지는 그런 것을 대변한다. 달의 양심은 원형적 양식들, 즉 지각력을 가진 존재로서의 우리 인간의 천성을 구성하는 마음의 공통 성분들로부터 생긴다. 이 무의식의 층은 그 자체의 행위법칙을 포함하고 있으며, 그 법칙의 위반은 인격 자체인 심신 전체성(psychosomatic wholeness) 내부로부터 처벌을 끌어낸다고 하는 것이, 여기서 내가 주장하는 내용일 것이다.

### 오레스테스의 사례

달의 양심의 전형적인 실례는 고대 그리스 인물 오레스테스(Orestes)의 이야기에서 일어난다. 오레스테스는 클리템네스트라(Clytemnestra)와 아가멤논(Agamemnon)의 아들이다. 오레스테스는 아버지의 원수를 갚아야 하는지를 결정하기 위해서 델포이에서 아폴론의 신탁을 듣는다. 그의 아버지는 트로이 전쟁에서 돌아오자마자 화난 아내에 의해 살해되었는데, 그가 트로이로의 원정을 위한 우호적인 바람을 얻기 위해 여신 아르테미스(Artemis)에게 딸 이피게니아(Iphigenia)를 제물로 바쳤기 때문에 그의 아내는 궁전에서 남편을 죽였다. 아폴론은 가부장적인 법을 지지하고 어머니의 처형을 명하였고, 그것을 오레스테스가 수행한다. 아이스킬로스(Aeschylus)에 따르면, 오레스테스는 살해 후 합창단을 불러 그의 말을 듣도록 하고 그는 태양에 호소한다. 즉,

그것을 펼쳐라. 내 주위에 둥글게 서라. 그리고 한 남자를 사로잡은 이 그물을 펼쳐라. 그래서 나의 아버지가 아니라 모두를 보고 있는 위대한 아버지, 태양이 나의 어머니의 신을 두려워하지 않는 소행을 본다. 그리고 내가 이 죽음, 나의 어머니의 죽음을 얻은 것이 얼마나 옳은 일인지를 나의 심판의 날에 나를 위해 입증하라. (*The Libation Bearers*, 983-989)

태양의 신이자 그 자체로 해의 양심의 대변자인 아폴론도, 합창단에 의해 대변되는 집단적 태도도 어머니에게 범하는 이런 난폭한 행위를 굳건히 지지하고 그 살인행위를 자극하고 그것을 도덕적으로 지지한다.

그러나 살인을 범한 후에, 합창단은 오레스테스가 의무를 다했다고 주장하지만, 그 자신은 마음의 동요를 느낀다. 합창단은 어두운 인물들, 즉 아버지의 원수의 머리를 모으기 시작하는 퓨리스(Furies: 세 자매의 복수의 여신[알렉토, 티시포네, 메가이라])는 보지 못하는 것 같다. 즉,

**합창단**
아니야, 당신이 한 일은 잘한 일이었어. 그래서 당신의 입을

더러운 이야기에 묶지 말라. 어떤 악도 당신의 입술에 두지 말라.

당신이 하나의 깨끗한 일격으로 이런 두 마리의 뱀들의 머리를 잘랐을 때 당신은 온 아르기브 시를 해방시켰다.

### 오레스테스

아니야!

이 집의 하녀들, 그들은 고르곤들처럼 왔네. 그들은 검은 옷을 입고 뱀들의 얽힘처럼 둥글게 얽혀 있네. 나는 더 이상 머물 수 없네.

### 합창단

오레스테스, 모든 사람들 중에서 그대의 아버지를 가장 사랑한다네. 무슨 환상이 그대를 현기증 나게 하는가? 견뎌라. 두려움에 굴복하지 마라.

### 오레스테스

이것들은 고통의 환상들이 아니다. 그것들은 명백하고, 진실하고, 여기에 있다. 나의 어머니의 증오의 탐색견들이다.

(*The Libation Bearers*, 1044-1054)

오레스테스 전설은 해의 양심이 윤리적 행위의 유일한 조정자라는 단순한 견해에 대해 거짓말이라고 비난한다. 에리니에스(Erinyes), 혹은 퓨리스(Furies)는 아폴론, 태양, 아르기브(Argive) 시와 아버지의 요구에 맞서서, 어머니 ─ 클리템네스트라와 같이 원한에 사무치고 살인적이고 도덕적으로 문제있는 어머니일지라도 ─ 의 권리를 옹호한다. 그들은 집단적인 것에 의해 지배되지 않는 이성 이전(prerational) 수준에서의 양심을 대변한다. 심층심리학의 측면에서 본다면, 그들은 무의식적인 것으로부터 말하고 또 그것을 대변한다.

비교신화학 분야의 독일의 선구자인 바호펜(J. J. Bachofen)은 역사 재구성에서, 그가 '어머니의 권리(mother right)'라고 부른 고대 지중해 사회들의 한 특징을 밝혔다. 어머니 권리는 유아-어머니 연대로부터 생기는 일련의 의무들을 형성한다. 그의 주장에 따르면, 어머니와 자식의 관계는, 그것으로부터 "모든 문화 … 모든 덕 … 실존의 모든 더 고상한 측면 … 이 성장하는 자궁이다. … 그것은 폭력의 세계에서 사랑의, 단결의, 평화의 신적인 원리로서 작동한다."(1954, p.91) 바호펜은 스콜(제2장을 보라)이 어머니와 유아 간의 상호작용에서 관찰한 것에 대한 역사적이고 집단적인 토대를 마련했다.

아버지보다 더 일찍 어머니는 보호적인 사랑의 원 속에 자식을 포함시킬 때 자아를 초월하여 자신의 이익의 범위를 확대시킨다고 바호펜은 말했다. 어머니의 자기이익은 자식들에게로 확대되며, 이것은 인간 공감의 첫 번째 사례를 만든다. 모성적 원리의 본질은 부성적 원리와는 많은 측면들에서 다르며, 여기서 바호펜은 달의 양심과 해의 양심 간의 기본적 차이로 기여할 수 있는 하나의 정의를 언급한다.

부성적 원리가 본질적으로 제한적인 반면, 모성적 원리는 보편적이다. 부성적 원리는 특정집단에의 한계를 함의하지만, 자연의 삶과 같이 모성적 원리는 어떤 장애도 모른다. 어머니다움

의 관념은 모든 남성들 사이에 보편적인 우애감을 만들어낸다. (1954, p.80)

해의 양심이 차이를 만들고, 나누고, 고양시키고, 판단하고, 배제시키는 반면, 달의 양심은 포함시키고, 연관시키고, 받아들이기 위해서 그런 차이들을 흐리게 만든다.

바호펜이 말하듯이, 문화발달의 모성적 단계는 "전적으로 물질(matter)에 그리고 자연적 삶의 현상들에 종속적이다." 그것은 육체적 편안함과 장식품과 같은 물질적 가치를 육성하기도 하고, "우주의 화합"이라는 더 초월적인 경험에 열려 있기도 하다. 그것은 구체적이고 물질중심적인, "자연적인 감정에 뿌리를 둔다." 그러나 그것은 역시 자연적 실존의 더 깊은 조화들에도 공명한다. 바호펜은 결론짓는다. "한마디로 말하면, 모성적 실존은 조정된 자연주의(regulated naturalism)이다."(1954, pp.91-92)

역사적 연구로서 바호펜의 가설들을 긍정하건 부정하건, 그의 재구성은 달의 양심의 원천, 내용, 역동적 작용을 역사학적 용어와 은유로 설명한다.

오레스테스가 태양신 아폴론의 권고를 받고 그의 어머니를 살해할 때 그가 마지못해 어긴 것은 바로 양심의 이 측면이다. 헤이스팅스(Hastings)의 『종교와 윤리 백과사전(Encyclopedia of Religions and Ethics)』에 따르면, 퓨리스는 도덕적 법칙의 개인적 위반을 처벌하는 내적 충고자들이 아니고 외적인 동인들이다. 그리고 아이스킬로스에서 그들은 합창단에는 모습을 나타내지 않는데, 그것은 도시국가의 집단적인 의견과 가치를 대변한다. 이 두 가지 점들은 자아의 가치와 집단의식으로부터 달의 양심의 심리적 거리를 보여준다. 즉, 어머니 권리의 수호자인 퓨리스는 그리스 연극에서 합창단에 의해서 대변되듯이, 주간(diurnal) 의식의 세계에 속하지 않는다. 그들은 무의식의 미지의 배경으로부터 갑자기 자발적으로 일어나서 그들의 무시무시하고 황량한 저승세계 같은 모습으로 외관상으로는 죄책감을 느끼지 않는 자아를 공격한다. 죄책감, 가정과 공동체의 따뜻함으로부터 고립이나 도덕적 열등감을 느끼게 함으로써 자신의 존재를 잘못한 사람에게 알리는 해의 양심과는 달리, 달의 양심은 광기 속에서, 흉몽과 악몽 속에서 자신의 생명이 어둡고 불길하고 비합리적인 힘에 좌우되는 박해와 불안의 감정들 속에서 자신의 존재를 주장한다. 이것은 경계 인격의 임상적 모습이다(Schwartz-Salant 1989를 보라).

에리니에스(Erinyes: 퓨리스로 불리기도 하고 가끔 액막이로 에우메니데스[Eumenides: 자비로운 신]로 불린다)의 기원은 그들의 본질과 역할에 관한 많을 것을 말해 준다. 몇 가지 신화들이 존재한다. 가장 잘 알려진 신화 속에서, 에리니에스는 가이아가 거세된 우라노스의 혈액에 의해서 임신했을 때 태어난다(Kerenyi 1988, p.21). 다른 신화에서, 그들은 밤의 딸들이다. 또 다른 신화에서 그들의 어머니는 땅이며 그들의 아버지는 스코토스(Skotos), '어둠'이다(ibid., p.47). 모든 설명들에서, 그들은 매우 고대적이며, 그들은 원시적 어머니와 밀접한 발생적 연관을 가지며, 그들은 지하세계에 거주한다. 오르페우스교에서는 하데스(Hades: 저승의 왕)가 그들의 아버지이며, 페르세포네(Persephone)가 그들의 어머니이다. 그리고 이런 관점은 그들을 가장 특별하게 어둠에 위치시킨다(ibid).

에리니에스에서, 큰 어머니 원형은 생명보존의 본능과 특히 혈연유대의 본능을 표현한다. 혈연(모계 세계에서의 최초의 유대)의 법이 위반될 때마다 에리니에스는 악취를 풍기고, "독이 든 군침을 흘리며", 지옥의 사냥개로서 사납게 짖어대면서 등장한다(ibid., pp.47-48). 그들은 어머니와의 유대를 위반하는 데 민감한 것 같다.

혈연 수호자로서 에리니에스는 달의 양심 내에서의 기본적 취지를 나타낸다. 즉, 사람, 장소, 물질적 대상 등에 대한 애착의 권리와 특전을 지키는 일이다. 달의 양심은 애착 가치들에 근거한다. 그것은 해의 양심보다는 덜 추상적이다. 그것의 움직임은 '상향적'이기보다는 '하향적'이며, **물질**(materia)과 자아에 대한 **물질**의 요구들을 향한다. 그것은 애착이라는 우리의 절친하고 확산적인 감정들, 사람들과 사물들에 대한 초기의 육체적 심리적 유대, 그리고 역시 우리 자신의 육체와 육체적 욕구 등을 지킨다. 달의 양심은 한 어머니가 자식에게 취하는 태도를 취한다. 즉, 그녀는 그들의 육체적 욕구에 관심을 보이고, 그들을 무조건적으로, 정서적으로, 원시적으로, 절대적으로 사랑한다. 어머니처럼 달의 양심은 자아가 삶을 수용하고 충실하게 살기를 권고한다. 달의 양심 속에는 포용

(acceptance)과 자기포용의 윤리가 새겨져 있다.

자아의 어머니와의 원초적인 혈연관계가 위반될 때, 퓨리스는 그들의 참을 수 없는 악취를 풍긴다. 그리고 자아가 무의식에서의 이런 보수적이고 현세적인 원리에 대한 연대를 단절하거나 무시하는 교만을 시작한다면, 에리니에스는 그들의 지하세계의 격노의 완전한 힘을 가지고 등장한다.


## 자연의 법칙으로서 달의 양심

아이스킬로스와 다른 고대의 권위자들이 주장하는 에리니에스 시대는 선사시대의 인구들 가운데에 그들의 원초적인 역사적 기원을 나타낼 뿐만 아니라 그들의 활동들과 가치들의 심리적 우월성과 원시성을 나타낸다. 그들의 위대한 시대는 달의 양심의 기원을 자아의 강화와 다른 콤플렉스들의 형성의 이전 또는 그 너머에 위치시킨다. 달의 양심은 해의 양심보다 더 이전에 생긴 양심의 형태이다. 그것이 종종 후회와 죄책감 같은 심리적 현상들을 통해서가 아니고 육체적 반응들과 징후들을 통해서 작동하기 때문에, 그것의 뿌리는 공감적인 신경체계, 자아가 거의 또는 전혀 통제하지 못하는, 어느 의미에서는 그 자아의 '어머니'인 무의식의 거대한 바다에 자리하고 있을 것이다.

모나코프(Constantin von Monakow)는 '생물학적 양심(biological conscience)'에 관해서 말하면서, 그것을 그리스어 이

름 시네이데시스(syneidesis)라고 부른다. 그의 말에 의하면, 시네이데시스는 모든 살아 있고 조직된 원형질 속에 깊게 뿌리박고 있다(1950, p.264). 그것의 기능은 과정과 발달을 질서 있게 보장하거나, 융의 표현을 빌리면, "생명의 가능성들을 보존하는 것이다."(1950, p.337n) 모나코프는 그것은 "개인과 종족의 장래 이익을 보장하기 위해서"(1950, p.249) 존재한다고 말한다. 자연적 질서 자체에서의 어머니-유아 유대마저 초월하는 양심의 토대에 대한 이런 직관은 우리의 주제의 핵심이며, 신화적 인물 테미스(Themis), 디케(Dike), 마아트(Maat) 등을 논의할 때 더 상세하게 다루어질 것이다. 이런 계획에 따라서 그리고 그 계획 속에서 사는 것은, 달빛 속에서의, 양심의 문제가 된다.

삶의 이런 기본적인 근본 계획을 벗어나거나 어길 때 겪게 되는 경험들 중 일부는 에리니에스가 그들의 희생자들에게 가하는 형벌들에 의해서, 그리고 그들의 가혹한 고문도구들을 통해서 이야기된다. 그들이 나타났다는 것을 검증하는 것은 희생의 '내몰림(drivenness)'이다. 즉, 수년 동안 몸을 피하거나 도망 다니면서 배회하는 오레스테스처럼, 영원히 휴식하지 못하고, 장소와 상황에 대한 강압적인 불만을 경험하고, 편집증적인 불안에 시달리는 사람은 달의 양심이 부여한 처벌을 받고 있는 것이다. 이런 지속적인 이동들에서는 많은 절망이 있고, 대단한 속도가 요구되는데, 그것은 퓨리스가 날개를 달고 있기 때문이다.

정신이상과 질병(정신병적이고 우울증적인)이 또한 위협한다. 신화에서 퓨리스는 질병, 광기, 죽음 때문에 비난을 받는다. 그들의 악취와 무시무시한 외모는 강한 자기혐오의 발작을 함의하는데, 이것은 자신으로부터 모든 종류의 도피의 길로의 광란적인 도망을 유도한다. 그들이 거세와 파괴의 악마짓을 하고 다닐 때, 그들의 채찍과 붉게 달구어진 인두는 살을 찢고 멍든 자국을 남긴다.

이런 모든 섬뜩한 징후들에도 불구하고, 에리니에스의 목적은 어머니 권리를 보호하는 것이다. 그래서 그 징후들은 처벌뿐만 아니라 목적달성을 의도하여 이루어진다. 그 징후들은 희생자에게 혈연, 애착, 구체적 관련성의 법이라는 나쁜 달의 양심을 상기시키기 위해 의도된다.

로셔(Roscher)의 의견에 따르면, 에리니에스의 무자비한 적개심은 확대되어 그리스 문화의 최고의 죄인 교만(hubris)을 포함한다(Roscher, pp.1321-1323). 교만은 고대 히브리 사람들에게 불복종처럼, 고대 그리스 사람들에게 궁극적인 반항의 행위였다. 그런데 그것은 매우 광범위한 함의들과 미묘한 차원들을 지녔다. 그 핵심에는 신들에 의해 전수되어 온 경계를 뛰어넘는 행위가 있다. 즉, 교만은 자신이 인간이며 신이 아니라는 점을 잊는 것이다. 그것은 원형적인 우쭐함이다. 교만은 때로 에리니에스에 의해 처벌을 받지만(특히 어머니 권리와 가족 권리를 어겼을 때), 그런 처벌은 더 종종 그들의 사촌인 네메시스(Nemesis)의 몫이다.

에리니에스처럼, 이름이 '정당한 분노(righteous anger)'를 의미하는 보복의 여신 네메시스는 밤(Night)의 날개 달린 딸이다. 그녀의 분노는 질서, 특히 자연의 질서를 어기고 자연의 법과 규범을 무시하는 사람들에게로 향한다(Kerenyi 1988, p.105). 이 여신은 거대한 것을 무너뜨리고 잔뜩 부풀어 오른 것에서 공기를 빼버리면서, 그런 사람들에게 파멸을 가한다. 인간들이 신들의 품위를 손상시키고 자만하게 되지 않도록 하는 것이 그녀의 임무인데, 인간들이 그렇게 할 때는 철저하게 그들을 파멸시킨다. 교만 때문에 주어지는 재앙과 비극은 네메시스의 작품이다. 네메시스의 정당한 분노는 교만을 공격하고 자연의 법칙과 규범을 지킨다.

이런 측면에서 본다면, 달의 양심은 두드러지게 보수적이며, 그 존재의 주요한 기능은 땅과 자연에의 연계와 많은 애착들을 벗어나려고 하는 자아의 야망에 대해서 '아니오'라고 말하는 것이다. 해의 양심이 해야만 할 것으로 가득 차고, 자아를 이상적인 이미지에 일치하도록 강요하는 반면, 달의 양심은 주로 금지로 가득하다. 달의 양심의 고전적 실례인 소크라테스의 다이몬은 오직 하지 말라고만 말하고 하라고 말하지 않았다. 달의 양심의 '조용하고 작은 목소리(still, small voice)'는 균형감각을 찾고 기본적 계획에 어울리는 행위나 말에 대한 직관적 통찰을 찾는 성찰의 순간에, 전체적 삶의 계기와 양식의 장(gestalt)을 말한다. 달의 양심은 우리들에게 언제 그 말이나 행동이 어울리지 않으며, 언제 그것이 뛰어넘고 어기는지를 말한다. 모든 별나고 변덕스러운 징후들 — 네메시스와 에리니에스의 작업 — 은 우리들에게 돌아오라고, 주목하라고, 좋아하는 것이면 무엇이든 심지어 아폴론이 의도

98

하는 것이면 무엇이든 할 수 있는 것이 아님을 자아에게 상기시키도록, 큰 소리로 부른다.

에리니에스가 한 사람의 운명에 대해서 '절대적 지식'을 말하는 것은, 그들의 어머니인 밤(Night)을 통하여, 제우스마저 거부할 수 없는 결정을 내리는 모이라이(Moirai), 운명을 맡은 세 여신(Fates)과의 연고에 의해서 신화 속에서 주장된다.


## 달의 양심의 긍정적 가치

에리니에스가 달의 양심의 총체와 실체는 아니다. 그들은 '달의 어두운 면', 나쁜 양심의 처벌을 대변한다. 먹어치우는 아버지가 해의 양심 속에 있듯이, 그들은 달의 양심 속에 있다. 달의 양심 속에서 해의 양심의 '착한 아버지'에 상응하는 것이 자연의 세계에 속하는 질서와 정의의 상징들에서 발견된다. 도덕적 원형의 태양과 같은 측면이 영혼에 바탕을 두는 원형들로부터 도덕적 요소를 추출하듯이, 달의 측면은 물질에 바탕을 두는 본능들에서 도덕적 요소를 추출한다. 이것은 달의 양심의 기능을 경유하여 자아를 통해 매개된다. 양심의 달과 같은 측면을 통해 자연을 말하는 것이다.

바호펜이 문화적 발전의 세 단계들을 구성한 것은 달의 양심을 이해하는 것에 연관된 하나의 양식을 제시한다. 그의 관점에서 본다면, 인간사회는 '여성 공유제 단계(hetaeric stage)'와 함께 시작했다. 이것은 '고삐 풀린 본능(unbridled instinctuality)'에 의해 특징지어지는데, 여기서는 그 무리의 최강자들이 음식, 피난처, 성적 만족, 그리고 다른 바람직한 것들을 차지한다. 사랑, 질서, 정의, 타인에 대한 배려, 윤리적 행위의 전통 등은 전혀 모르는 것이었다. 스스로를 보호하기 위해서 여성들은 성적 강제노동을 할 수밖에 없었다.

이런 여성 공유제 단계에서 모계 단계로의 변형은 어머니와 자식들 사이에서 생겨난 사랑으로 시작되었다.

> 인간실존의 가장 낮고 어두운 단계들에서, 어머니와 자식들 사이의 사랑은 삶에서의 밝은 곳, 도덕적 어두움에서의 유일한 빛, 근본적인 불행 속에서의 유일한 기쁨이다. (Bachofen 1954, p.79)

어머니들은 인류의 순수하게 이기적인 태도를 깨는 그리고 그들의 관심 속에 스스로를 넘어서는 사랑의 대상, 즉 '나 아닌 것(not-I)'을 포함하는 최초의 사람이다. 어머니 사랑은 자기도취적(narcissistic) 마법을 깨뜨리고, 인간세계에 대상관계들(object relations)을 도입시켰다. 이런 새로운 태도가 자라나서 일반화됨에 따라, 그것은 사회를 모계로 변형시켰다. 그런 모계사회의 본질적인 특징은 모든 동물들의 보편적인 수용, '조정된 자연주의(regulated naturalism)' 그리고 자연의 질서 속에서의 조화들을 직관하는 것에 근거를 두는 종교이다.

이것은 다음 단계로 이어지는데, 여기서는 아버지와 자식 관계가 등장했다. 이것은 문화를 부계적 형태로 변형시켰다.

그것의 중요한 특징들은 이 아버지-자식 관계 위에 모델화된다. 즉, 아버지와 자식의 관계는 질서의 위계들(자식 위에 아버지, 동생보다 형, 딸 위에 아들, 부하 위에 지도자 등등), 하위 동물들이 상위 동물들에 순종하는 것, 영혼을 자연에 대항시키고, **자연에 반하는 인공**(opus contra naturam)으로서의 윤리 관념에서 영혼을 강하게 선호하는 일종의 정신주의 등을 말한다.

　문화가 여성 공유제 양식에서 모계적 양식으로 이동함에 따라 등장하는 도덕적 요소를 고려하기 위해 나는 바호펜의 멋진 이론을 개괄하고 있다. 그의 이론은 성(gender)과 있을 수 있는 유토피아들에 관한 오늘날의 논의들에 여전히 아주 적실한 것이다. 바호펜에 따르면, 이기적이지 않거나 아가페적인 사랑을 탄생시키는, 어머니와 자식 사이의 고도로 특정적이고 개인적인 관계로부터 출발하는, 이런 태도의 발달은 인간성과 자연세계의 전체를 설명하기 위해 일반화된다. 간단히 말해, 그것은 사람을 자연세계의 뿌리로부터 분리시키는 것이 아니라 경험적 세계를 '꿰뚫어 보는(see through)' 초월의 수준, 말하자면 단일성(unity)의 품(하나) 속에 자연현상들의 다양성(많음)을 안게 되는 수준에 이른다. 여기서 우리는 해의 양심의 수직적 초월(vertical transcendence)과는 대조되는 달의 양심의 '수평적 초월(horizontal transcendence)'을 본다.

　하나의 꿈이 이것을 보여준다. 수직적 초월로 강하게 기운 의식적 태도를 가지고 있으며, 강한 해의 양심을 가진 한 젊은이가 다음과 같은 꿈을 꾸었다. 그 꿈은 그의 의식 상황에 대한 보상이었고, 그에게 강한 충격을 주었다.

　　나는 큰 강당의 앞줄에 앉아서 특별연사인 인디언 정신과 의
사가 나타나기를 기다리고 있다. 마침내 그는 연단에 오른다.
그는 직사각형인, 아마도 2 대 1쯤의 비율로 가로가 세로보다
더 긴 그림을 가리킨다. 그것은 산들과 나무들 속에 집 한 채가
그려진 풍경화이다. 집, 산들, 구름, 나무들은 모두 하나의 이어
지는 선으로 그려진 것이다.

　　그는 이 그림의 의미가 무엇인지 청중에게 묻고, 생각해 보도
록 한다. 누구도 적절한 대답을 하지 못하자, "사랑이 우주의
모든 것을 연결시키기" 때문에 그 그림에 나오는 모든 물체들
이 그처럼 "연결되어" 있다고 말한다.

　　모든 사물들 — 문화적 인공물뿐만 아니라 자연적 물체들도
— 이 하나의 선으로 연결되어 있음을 에로스(Eros)를 통해
이처럼 알아차리는 것은 달의 양심의 근본적인 도덕원리의
토대이다. 모든 것들은 연결되어 있다.

　　그들 모두가 여성이고 모계적 신화와 문화에 밀접하게 연
관된 몇몇 신화 속의 인물들은 달의 양심을 뒷받침하는 수평
적 초월의 원형적 양식을 묘사한다. 먼저 그리스 여신 테미스
(Themis)를 살펴보자.

　　테미스의 신화는 달의 양심의 신화이다. 헤시오도스에 따르
면, 테미스는 가이아와 우라노스의 딸이다(*Theogony* 135). 그
러므로 그녀는 올림포스 이전의 티탄들의 세계에 속한다. 거
기서 올림포스 신들 중 테미스와 레토(Leto)만이 뒤에 나타난

다. 로셔(Roscher)에 따르면, 그녀의 이름은 '자리 잡힌 것'을 의미한다. 그와 연관된 단어인 테미레이(themeley)는 딱딱한 토대로서의 땅에 부여된 이름이다. 로셔는 이렇게 말한다. "여기서 땅은 양분의 제공자(데메테르[Demeter]: 대지의 생산을 관장하는 여신)로 간주되지 않으며, 심연의 여신으로 간주되지도 않으며, 고체성이라는 의미에서 '움직일 수 없음'으로 간주된다."(1924-1937) 그래서 아이스킬로스가 프로메테우스(Prometheus)로 하여금 "나의 어머니, 테미스, 땅인 그녀는 이름은 많지만 오직 한 분이시다."(*Prometheus Bound*, 209-210)라고 말하게 하였을 때처럼, 그녀는 종종 땅의 여신으로 때로는 가이아와 동일시되기도 하지만 테미스는 물질 그 자체를 대변하지 않고 땅의 질, 즉 그것의 안정성, 견고성, 부동성을 대변한다. 테미스의 땅과의 그리고 티탄의 세계와의 연관은 달의 양심의 견고성과 보수성을 말하며, 그것의 뿌리가 고대의 안정적인 양식과 과정에 있음을 말한다.

여기 나의 논제에서는 테미스의 예언적 측면이 특히 중요하다. 즉, 그녀는 인간들에게 신탁을 통해 말하는 여신이다. 고대 그리스에 가장 유명한 신탁을 묻는 곳이었던 델포이는 원래 가이아의 소유였는데, 가이아는 그곳을 딸인 테미스에게 물려주었다. 그 후에는 포이베(Phoebe: 우라노스와 가이아 사이에 태어난 티탄족으로 달의 여신)로 넘어갔고, 결국에는 아폴론이 그곳에 거주했다. 그러나 해리슨(Jane Harrison)의 주장에 따르면, 테미스는 신탁의 원리 자체이며, 그래서 델포이에 소유의 네 단계가 있는 것이 아니라 오직 세 단계 즉, 가이아-테미스, 포이베-테미스, 그리고 아폴론-테미스만이 있는 것이다(1912, p.382). 달리 말하면, 테미스는 가장 본질적으로는 신탁을 주는 일에 관련된다. 그리고 그녀는 땅의 신탁을 말하는 입, 자연 자체의 목소리를 대변한다. 테미스는 말하고 있는 땅(Earth)이다.

플루타르크가 적고 있듯이, "세발 솥(옛 그리스의 신탁을 받는 델포이의 청동 제단)의 영광(靈光)은 테미스의 가슴을 꿰뚫고 파르나수스(Parnassus: 그리스 중부의 산, 아폴론과 뮤즈의 영지)에 비추어지고" 그래서 델포이에서의 테미스의 중심적 역할을 입증한다(Harrison 1912, p.389). 로셔의 추측에 따르면, 테미스는 "원래 견고한 땅, 그녀의 어머니의 불변하는 법칙들을 대변하는, 땅속에 사는 예언자이다." 해리슨은 테미스가 부여하는 신탁들은 미래의 사건들에 대한 예언들이라는 의미에서의 예언들이 아니고 오히려 '법령들'이라고 주장한다(p.387). 이런 법령들은 인류에 적용될 때 '자연의 법칙'일 것이다.

가이아에서 테미스와 포이베를 거쳐 아폴론까지 이어지는 델포이에서의 계승은 땅의 신탁(가이아-테미스)으로부터 달의 신탁(포이베-테미스)을 거쳐 태양의 신탁(아폴론)에 이르는 이동을 말해 준다. 여기서 우리는 모계에서 부계로의 발달뿐만 아니라 달의 양심의 지배에서 해의 양심의 지배로의 발달을 본다. 오레스테스는 그의 원래의 도덕적 딜레마를 가지고 델포이로 가서 아폴론으로부터 그의 어머니를 죽이라는 지시를 받았다. 그런데 그 행위는 에리니에스(달의 양심)를 자극하여 그로부터 똑같은 고귀한 대가를 치르게 한다.

다른 신화들도 델포이에서의 가이아-테미스와 아폴론 간의 갈등을 말한다. 그들 간의 틈은 결코 메워지지 않은 것 같다. 한 이야기는 아폴론의 계승에 대한 가이아의 분노와 질투를 말해 준다. 아폴론의 예지와 겨루고 그것을 방해하기 위해, 그녀는 그들의 도시에서 죽을 운명에 있는 남자들을 안내하기 위해 꿈을 보내주었다(Farnell 1907, vol. 3, p.9).

에우리피데스(Euripides)는 오레스테스의 심판의 단호한 점을 말하는 극,「타우루스의 이피게니아(Iphigenia in Taurus)」에서 이 신화를 언급한다. 아폴론과 테미스, 궁극적으로는 모계 세력과 부계 세력 간의 갈등의 극적인 연출은 두 체계들 ― 하나는 신탁과 꿈을 가진, 다른 하나는 '빛의 입술(lips of light)'을 가진 ― 간의 대조를 눈에 띄게 한다. 즉,

**세 번째 소녀**
그러나 땅은 그 신탁을 구하기를 소원했었지. 테미스, 그녀 자신의 딸을 위해서
그래서 화가 나서 한 묶음의 꿈을 길렀지.
그 꿈들은 밤에는 그 사람들에게 신탁과 같이 진실을 예언하였고,
포이베의 그리고 그의 예언들의 위엄을 손상시켰지.

**두 번째 소녀**
그리고 그 아기 신은 서둘러 제우스에게로 가서, 그의 작은 손으로 알랑거리고 제우스에게 그 꿈들을 보내달라고 간청했지.

### 첫 번째 소녀

그리고 제우스는 그의 아들이 걱정거리를 가지고 곧장 그에게로 달려온 것을 아주 기뻐했지. 그의 큰 이마는 끄덕이며 결정했다네.

포이베는 그의 상을 그에게 돌려주도록.

분노한 땅에도 불구하고, 그의 왕좌, 그의 말을 듣는 무리들, 그의 금빛 목소리를 …

### 네 번째 소녀

밤의 목소리는 갑자기 벙어리가 되었고, 인간에게 더 이상 재난이 되지 않았다네.

밤의 유령은 더 이상 우울한 음절로 진리를 예언하는 그들의 힘을 가지지 못했네.

그리고 남자의 아픈 심장에 붙어 다닌다네.

남자들은 그 예언적인 어두운 그리고 모든 가려진 형태로부터 해방되었네.

그리고 오직 빛의 입술에만 귀를 기울인다네.

(lines 1259-1284)

이 신화적 설명에서, 우리는 분명히 그녀의 함정과 심연의 계곡 그리고 어두운 구멍들을 가진 땅의 길과, 밝음과 명석한 통찰력을 가진 하늘의 길 사이가 깊게 분리되어 있음을 보게 된다. 심지어 이것은 서구 문화와 종교 속에서의 분열로까지 확대되며, 그노시스교도-기독교도(Gnostic-Christian)의 논쟁에서, 연금술과 기독교 정교회 사이의 관계에서, 그리고 심층 심리학과 전통적 종교 사이의 근대적 긴장들 속에서 연구될 수 있다(Stein 1985를 보라).

테미스와 가이아의 연관과 테미스와 델포이와의 관계를 염두에 두고, 이제 우리는 그녀의 중심적이고 가장 중요한 속성인 정의(justice)를 고려해야 한다. 테미스(Themis)라는 말은 항상 '옳은 것'을 의미하며, 단순히 관습, 명령 혹은 법령이 아니다. 테미스는 사회의 욕구들로부터 도출되는 조직과 규칙이라는, 문화적으로 조건지어진 관념들을 선행하는 자연적 질서와 법을 대변한다.

모든 인간의 지식과 태도들의 사회적 기원을 어느 정도 확신하는 사상가들의 관점에서 볼 때, 테미스는 특정한 문화, 특히 모계 문화에서 인간들의 상호작용을 통하여 발달했던 인간적인 정의 관념의 추상화로서 간주될 것이다. 하나의 대안적인 원형적 관점은, 테미스는 사회조직의 산물이 아니고 그러한 것이 있다면 그러한 것을 위한 전제조건이며, 그녀의 심리적 실존은 그녀가 의미할 것과 가르칠 것에 관한 인간의 이해를 선행하고 그것에 내재한다고 주장할 것이다. 원형적 관점은 그녀의 기원을 문화와 집단의식 속에서보다는 영혼적인 본성 속에, 집단적 무의식 속에 위치시킬 것이다. 그녀는 파생적이지 않고 근본적이다.

파르넬(Farnell)의 주장이 설득적인 것 같다.

그리스 종교에서의 한 인격으로서의 테미스는 원래 게르마늄(Ge)으로부터의 방사물이었다. … 테미스가 그녀의 종교적 이력을 옳음이라는 추상적 관념을 단순히 의인화시키는 것으로부터 시작했다는, 오직 다른 생각만 할 수 있는 이론이 가지는 사실 같지 않음을 [나는 지적하고 싶다]. 그러한 의인화된 추상화들은 틀림없이 다른 종족들에서처럼 그리스 사람들의 종교사상 속에서도 일찍 존재했을 것이다. 그러나 그리스 종파와 문학에 대한 신중한 연구는 오직 그것들만이 두드러지고, 원래 구체적인 개인적 신성들에서 발산되었던 대중적인 종교에서 어떤 타당성을 가진다는 확신으로 이어진다. … 최초의 문학에서 테미스는 아주 구체적인 인물이며, 티탄의 세계와 올림포스의 세계에서 생기 있고 능동적인 힘이다. (1907, vol. 3, p.13)

더욱이, 테미스 종파의 실존은 그녀가 '옳음의 추상적 관념의 단순한 의인화'가 아니고 진정한 여신이라는 관점에 권위를 부여한다. 그런데 파르넬이 지적하듯이, '신비의식(mysteries)'과 주신제(酒神祭, orgia)가 가이아 종파에서 거행되었듯이 테미스 종파에서도 거행되었다.

한 여신으로서 테미스는 자연을 대변하는 심적 힘이다. 그녀는 해리슨의 표현을 빌리면, "땅이 가진 신탁의 힘(the oracular power of Earth)"(1912, p.480)이다. 큰 어머니(Great Mother)로부터 일종의 자연적 옳음이라는 '자연적 윤리'의 이런 발달은 다른 여성적 신들 특히 아드라스테이아(Adrasteia)에서 또 다른 신화적인 확인을 발견한다.

파르넬이 추측하듯이, 아드라스테이아는 아마 아시아 소수민족의 큰 어머니 여신인 키벨레(Cybele: 프리지아[Phrygia: 옛날 소아시아에 있었던 나라]의 대지[大地]의 여신)의 지역 이름인 것 같다. 산의 여신인 그녀는 이다(Ida) 산에 사는 닥

틸로스(Dactyls: 금속 세공, 마술 등의 일을 한 산의 요정)에
의해 시중을 받았고, '그로부터는 도망갈 수 없는 여신'이라
는 별명이 주어졌다. 이런 이유로 그녀는 종종 네메시스와 연
관된다(Farnell 1907, vol. 2, p.499). 그녀의 이름 역시 '도망
갈 수 없음'을 의미한다(Kerenyi 1988, p.91). 오르페우스의
이야기에서, 아드라스테이아는 동굴 앞에 앉아서 "시끄러운
북소리로 그녀는 정의의 주문 속에 남자들을 가두고 있다."
(ibid., p.115) 아드라스테이아와 네메시스의 연계는 테미스에
게로 이어진다. 왜냐하면, 악에 의해 잠을 깬 테미스는 아드
라스테이아와 네메시스처럼 날카로운 눈을 가지고 악을 사납
게 찾아내고, 악행을 행하는 자의 머리에 철퇴를 내리는 여신
인 이크나이아(Ichnaia)로 변하기 때문이다. 칼이 테미스의 상
징이다. 즉, 그것은 자연의 정의가 손에 든 칼이다.

　그러나 자연의 눈에는 누가 사악한 사람으로 보이는가? 테
미스를 향한 주요한 공격, 그녀에게 악의 본질을 규정한 자질
은 교만(hubris)이다. 보스(Vos)에 따르면 테미스와 교만은 극
적인 반대를 대변한다. 즉, 테미스가 없을 때 교만이 있고, 테
미스가 있는 곳에 교만이 없다. 테미스는 '근본 계획(ground
plan)', 즉 흔들리지 않는 자연적 질서 속에 인간성이 뿌리내
림을 대변하고 지킨다. 반면, 교만은 '계획 없음(no plan)', 즉
자연에서 인간이 차지하는 자리를 부정하고 신의 우월성을
부정하며, 신의 고의적인 인간화 그리고 인간의 신격화를 부
정한다. 교만은 조화를 나쁜 것으로 만들고 애착이 가지는 한
계를 부정한다.

땅(Earth)을 대변하는 테미스는 인간성과 그것의 한계를 부정한다. 올림포스에서 그녀의 가장 열렬한 적은 아레스(Ares), 즉 그 투쟁욕과 살인욕정(blood lust)이 어떤 한계를 모르는 전쟁의 신이다. 테미스는 전쟁에 반하는 것은 아니고 평화주의자도 아니다. 사실 그녀는 제우스를 자극하여 트로이 전쟁을 일으킨 세력들을 풀어주라고 하지만, 그녀는 환경 때문에 그렇게 한 것이다. 즉, 그것은 인구를 감소시킬 것이다. 하나의 정당화로서, 이것은 분배, 균형, 그리고 땅의 자원에 대한 그녀의 전형적인 관심이다.

인간 교만이 가진 악에 대한 그녀의 달랠 길 없는 적대감은 테미스가 지닌 더 깊은 의미들에 대한 또 다른 중요성을 지닌다. 호라(Horae: 계절이나 시간, 계절, 성장과 쇠망, 질서의 여신들)의 어머니로서, 테미스는 자연 속에서의 시간의 질서 있는 진행 뒤에 서 있다. 호라는 우주의 자연적 질서를 대변한다. 즉, 겨울이 봄이 되고 낮이 밤이 되고, 한 시간이 다음 시간이 된다. 인간은 역시 시간에 종속된다. 변화하는 계절처럼 그리고 태양이 하늘을 지나가는 것처럼, 달이 차고 기우는 것처럼, 인간들은 삶의 주기들을 지나간다. 그들은 태어나서 유아에서 어린이로 그리고 어른으로 자라며, 결국 죽는다. 신들은 그렇지 않고 죽지도 않는다.

삶의 이런 단계들은 길이가 고정되어 있고, 테미스 뒤에 나오는 다른 여신들, 운명을 맡은 세 여신들(Fates)에 의해서 결정된다. 우리가 인간의 삶을 단계들의 연속으로, 발달의 측면에서 생각한다면, 우리는 테미스의 관점에 참여하는 것이다. 즉,

한 단계에서 요구되는 임무들은 그것들이 '어울리지' 않기 때문에 다른 단계에서는 추천되지 않을 것이다. 한 태도나 행위의 '옳음'은 어떤 사람이 차지하는 단계에 따라서 다를 것이다. 어린이를 포함해서 청년들에게 속하는 것이 적절한 태도와 행위가 중년인 사람의 심리에는 크게 어울리지 않을 것이다. 그러므로 타이밍을 조절하는 것이 테미스의 옳음과 정의의 감각의 한 부분이다. 인간들은 발달단계들을 지나오며, 태도들은 고정되지 않고, 영구적인 타당성을 가지지 않으며, 옳음의 법칙이 해의 양심의 관점에서 간주되는 것과 같다.

테미스에 의해 설명된 자연적 질서의 원리는 땅 자체처럼 꾸준한 반면, 그녀의 특정한 명령들은 달처럼 변화 가능하다. 교만은 이것을 역전시키므로 나쁘다. 즉, 자연적 질서의 원리는 무시되고 대신에 특정한 태도나 자아 이상화가 엄격한 영구성을 띤다. 교만은 삶의 상황을 무시한다. 그러므로 중년의 **영원한 소년**(puer aeternus)은 테미스를 위반하고 그 대가로 개인적으로 파멸한다. 테미스에게 있어, 삶의 주기가 가진 기본적인 근본 계획은 본질적인 의미를 가진다. 그것을 무시하거나 그것을 벗어나는 것은 교만이며 처벌을 부른다.

세 호라 여신들의 이름 역시 나름대로의 의미를 지닌다. 에우노미아(Eunomia)는 '법적 질서(Lawful Order)'를, 에이레네(Eirene)는 '평화'를, 디케(Dike)는 '정당한 대가'를 각각 의미한다. 디케는 특별한 관심의 대상이다. 해리슨이 디케에 관하여 말하는 것은 우리의 주제와 연관된다. 그녀에 의하면, 디케는,

각 자연물, 각 식물, 각 동물, 각 인간에 적절한 개인적 삶의 방식이다. 그것은 역시 그 위대한 동물, 우주의 길인데, 그것은 계절들 속에서, 그리고 식물의 삶과 죽음을 통해 드러난다. 자연의 이러한 주기들이 천체의 움직임과 영향력에 달려 있다는 것이 명백해질 때, 디케는 별자리의 나타남과 사라짐 속에서, 달의 차고 기욺 속에서, 태양의 하루의 그리고 한 해의 운행과정 속에서 드러난다. (Harrison 1912, p.517)

그러므로 전체로서의 인간성은 디케의 자연적 방식 속에 포함되며, 디케를 통해서 인간들은 자연적 우주의 나머지와 연계된다. 우주의 접착제로서, 사물들의 내적 연계성을 대변하는 동시에 그녀는 자연적으로 존재하는 그 자체 각 사물의 개별적 본질을 대변한다. 각각은 그 자체의 자연적 길을 가지며, 모두 함께 모여서 그들은 하나의 우주를 만들고, 그것은 전체로서의 자연적 길을 가진다.

동물들에게 있어, 하나와 많은 것 사이의 이런 놀라운 연관은 분명히 어떤 큰 딜레마도 제기하지 않는다. 즉, 각자는 자신의 자연에 따라 살며, 이것은 우연적으로 우주 전체라는 디케의 한 부분으로서 작동한다. 그러나 인간들에게, 이것은 윤리적 질문의 핵심에 이르는 하나의 문제를 제기한다. 즉, 내가 다른 사람들을 희생시키면서 나의 개인적 길을 성취시켜야 하는가? 혹은 내가 타자를 위해서 혹은 집단에 적응하기 위해서 나 자신과 나의 개인성을 희생시켜야 하는가? 그리고 전체로서의 인류는 자연적 질서를 위하여 어떤 충동과 만족을 희생해야 하는가?

옳음과 그름에 관한 전통과 경험과 확실한 지식을 가진 해의 양심은 그러한 질문들에 맹렬하게 돌진하는 경향이 있다. 달의 양심에는 그 대답이 더 느리게 온다. 대부분 인간성은 자연적인 길이 무엇인지에 관한 지식을 상실했고, 그 과정에서 자연과 본능이 말하는 목소리에 귀를 막게 되었다. 테미스와 디케는 본능의 윤리적 측면을, 본능적 욕구와 충동들 속에서의 조용하고 작은 목소리를, 원초적 본능의 반사적인 행동들에 '아니오'라고 말하고 금지시키는 육체적 반응 등을 설명한다. 테미스는 땅속에서부터, 디케가 대변한 것과 동일한 것을 대변한다. 그러나 아폴론의 계승 이래로 그녀의 목소리는 침묵하게 되었고 덜 분명해졌으며, 신화에 따르면 오직 꿈속에서만 나타났다. 그리고 꿈속에 만들어진 길을 가는 것은 대단히 어려운 과제이며, 곤경과 불확실성을 가진다.

테미스가 대변하는 인간성과 인간성의 자연적인 방식인 디케는 본능에 근거를 두는 기능이며, 융이 반사작용의 본능으로 부른 것과 많이 유사하다.


일상적으로 우리는 '반사작용'을 본능적이라고 생각하지 않고 그것을 의식적인 마음의 상태에 연관시킨다. 반사작용(Reflexio)은 '뒤로 굽힘(bending back)'을 의미하며, 심리학적으로 사용된다면, 자극에 대해 본능적으로 대응하게 하는 반사작용(reflex)이 심리작용에 의해 방해를 받는다는 사실을 의미한다. 이런 방해 때문에, 심리과정은 그 자극에 의해 고무된, 행동하려는 충동에 매력을 행사한다. 그러므로 외적 세계로 방출되기 전에, 그 충동은 내부 심리(endopsychic) 활동 속으로 굴절된다. 반사작용은 안으로의 방향전환이며, 본능적 행위 대신에 반사작용이나 심사숙고로 불리는 파생적인 내용들이나 상태들의 이어짐이 일어난다. … 반사작용의 본능을 통해, 그 자극은 다소간 전적으로 하나의 심리적 내용으로 변형되며, … 자연적 과정은 의식적 내용으로 변형된다. (1937, par. 241-243)

반사작용의 본능은 자극-반응 연관을 깨고, 이런 방해의 기간에 인간은 상황을 의식적으로 보는 기회를 가진다. 하나의 사건을 반성함으로써 한 사람은 그것을 심리적 경험으로 변형시킨다.

달의 양심의 규칙에 의해, 이런 반사작용의 행위와 그 결과적인 그 본능의 심리작용은 이미 그 자체로 하나의 도덕적 행위를 구성한다. 왜냐하면 이것이 인간들의 디케에 참여하기 때문이다. 즉, 인간본성에는 반사작용이 사실이다. 어둠 속에서 밝음이 되는 것 외에 달은 전형적으로 반사작용의 상징으로 간주되었다(Cirlot 1991). 달의 양심은 본능과 경험에 대해 반사작용하고 그것으로부터 반성한다.

교만은 충동적이고, 반사작용의 부재에 자리한다. 율리시즈(Ulysses)가 교만의 전형적인 예인 키클롭스(Cyclops: 외눈박이 거인)를 비웃을 때, 그는 그의 행위가 가져올 수 있는 결과들에 관해 반사작용하지 않고 즉각적으로 바보스럽게 행위한다. 교만의 행위에서, 자아는 충동적으로 혹은 무의식적 환상으로 행위하는 반면, 반사작용하려는 본능은 정확하게 반대의 결과를 낳는데, 그 충동을 포함하고 그것에 심리적 실체를 부여한다. 그리스 사람들의 눈에 야만인들을 야만적이게 만들었던 것은 테미스의 부재였다고 보스(Vos)는 적는다. 즉, 그들은 인간에게 어울리고 적절한 것에 관한 직감(sense), 깊고 지속적인 반사작용으로부터 자라는 균형의 감각이 없다. 그러므로 그들은 질서도 없고 평화도 없다. 반사작용은 자신의 과대평가를 수축시키는 것, 자연적 질서 속에서의 자신의 자리의 진실한 이미지를 단단하게 잡는 것, 그 균형들을 옳고 정당하고 인간적인 것으로 유지하는 것을 의미한다.

만약 달의 양심이 사람들에게 그들 스스로의 그리고 자연에서의 진정한 이미지를 부여하려면, 그것은 독립성, 자아가 스스로를 위하여 갈망하는 거짓 이미지들을 수정하는 힘의 원천을 가져야 한다. 그것은 단순히 자아 자신의 그 자체에 관한 이미지를 반영할 수 없거나, 단지 교만에 빠진 자아를 확인할 것이다. 백설공주 이야기에서의 여왕의 거울처럼, 거울로서 달의 양심은 진실을 말하는 능력을 가져야 한다. 그러므로 이런 종류의 반사작용은 단순히 자아-의식 내에서의 도학자적인 반성의 행위일 수 없다. 왜냐하면 그러한 반성들은 합리화를 제공함으로써 자아의 이미지를 확인하는 경향이 있거나 해의 양심의 관념론들과 그것을 견주는 경향이 있기 때문이다. 오히려 잘못을 교정하는 달의 거울은 꿈, 능동적 상상, 직관, 비전 등에서 우리에게 주어진다.

융이 많은 저작들에서 지적했듯이, 꿈은 자연의 산물이다. 꿈은 자아에 의해서 만들어지지만 자아가 꿈을 프로그램하거나 통제할 수는 없다. 문화는 역시 꿈속의 삶을 통제하는 데 도움이 되지 못한다. 더욱이, 꿈과 자아-의식 사이의 관계는 보상적인데, 즉 꿈은 그림을 채우고 다른 측면을 제시하고, 그래서 진실의 거울로 역할하며, 그 자체의 이상이나 그 자체의 환상적이고 소원하는 외관이 아니라 어두운 지점, 공백, 그림자 혹은 인식되지 않은 잠재력 등을 밝히는 이미지를 깨어 있는 의식에로 되돌려 반사시킨다. 무의식적이고 자율적인, 꿈을 꾸는 자는 자아가 발생시키거나 통제할 수 없을 뿐만 아니라 심지어 자각하지도 못하는 관점을 가진다. 그 꿈은 가이아(그리고 그녀의 신탁의 페르소나인 테미스)가 '먼 측면'으로부터, 자연 속으로부터 '도시들 속에서의 이 세상의 인간들'에 말하는 장소인 자궁이다.

일부의 설명에서는, 디케는 하데스의 영역(저승), 무의식적인 것에 속하고 거기서부터 전체 자연세계의 길을 대변한다 (Harrison 1912, pp.516, 521).


## 두 가지 꿈

정신분석을 받는 사람의 사례들인 두 가지 꿈이 현대적 형태로 작용하는 달의 양심을 설명한다. 이 논의는 이런 꿈들의 의미를 자세히 구명하고자 하는 것이 아니라 역시 신화 속에 두드러지게 나타나는 수많은 주제들을 보여주는 것을 의도한다.

꿈을 꾼 사람은 30세의 미국 남성으로, 다가오는 해에 그를 기다리고 있는 하나의 과제(그는 그 과제를 매우 어려운 것으로 보았다)에 다소간 직접적으로 관계된, 우울증과 자기의심(self-doubts)의 증세를 한동안 겪었다. 그는 이사를 하고 직업을 바꿔야 했는데, 그 날이 다가오자 그는 현재 살고 있는 집에 애착을 느꼈고, 그 지역의 전형적인 가치관과 삶의 양식에 대한 애착을 더욱 통렬하게 깨달았다. 그 이사는 또한 덜 격식적인 학생생활의 친숙한 세계로부터, 도전을 요구하고 동료들 사이에 더욱 신랄한 경쟁을 요구하는 직장세계라는 덜 친숙한 현실로의 이동을 의미했다. 특별한 분석 기간을 지내고 나서, 그는 우울증세를 보였고, 어머니 콤플렉스의 하나로서 어린이 상태로 머물고 남들에 계속 의존하는 상태로 머물기를 바라는 것에 저항하는 자신의 모습을 보았다. 그 순간, 그는 자신의 어린애다움을 포기하고 '사내답게(like a man)' 삶에 직면하기로 결정했다. 심리학적으로 이것은 그에게 그의 어머니(콤플렉스)를 죽이는 것을 의미했다.

그날 밤 그는 다음과 같은 꿈을 꾸었다.

나의 어머니는 갑자기 돌아가셨다. 나는 어머니가 누워 계신 방으로 들어간다. 장의사가 어머니를 얼굴 화장을 시켰고 그래서 나는 어머니를 거의 알아볼 수 없다. 갑자기 어머니가 팔을 움직이고, 그리고는 단정히 앉으려고 하며 얼빠진 말들을 중얼거리면서 손을 흔든다. 나는 이를 보고 놀랐지만 그것이 실제 살아 있음이 아니라 머리에서 물을 고갈시키는 에너지의 넘쳐남이라고 생각한다. 다음날 나는 어머니의 등에서 어떤 외상을 보게 된다. 그것이 어머니의 죽음이 종료되었음을 말해 주는 것 같다.

정신분석을 받는 사람은 이 꿈을 긍정적으로 해석했고, 어머니 콤플렉스에 대해서 그가 의식적으로 내린 결정의 효과를 그 꿈속에서 보았다. 비록 그가 그 꿈의 거대한 형상에 의해서 그리고 그것이 악몽 같음에 의해 어느 정도 장애를 받았지만 어떤 죄책감이나 자책을 경험하지 않았다.

그는 이 꿈에 이어서 이틀 후에 진짜 놀라운 악몽을 꾸었다.

아내와 나는 아들과 함께 친구들의 집에 있었다. 우리는 떠날 준비를 하고, 많은 소지품들을 챙겨서 함께 그 집을 나왔다. 갑자기 나는 소지품 일부를 그 집 안에 남겨두고 왔다는 것을 알아차리고 혼자 그것을 가지러 돌아간다.

다시 밖으로 문을 열고 나오면서, 나는 아내가 겁에 질려 미친 듯이 뛰어다니는 것을 본다. 무슨 일이냐고 내가 묻자, 아내는 근처의 한 나무를 가리킨다. 나는 그 나무의 높은 곳에 아들이 앉아 있는 것을 본다. 아들 옆에는 크고 검은 새가 앉아 있고, 그 새는 아들의 눈을 쪼고 있다. 아이는 소리를 지르지만 어쩔 수 없다. 필사적으로 나는 돌 하나를 주워 새에게 던진다. 그러나 돌은 아들의 발을 때리고, 아들의 균형을 잃게 만든다. 아들은 나무에서 굴러 떨어져서, 아래에 서 있는 사람들에게 잡힌다. 나는 아들을 안아 들고 상처들을 조사한다. 내가 찾아낸 것은 그 새가 처음 쪼았던 왼쪽 눈 근처에 나 있는 하나의 붉은 점이 전부이다. 이제 나는 돌을 던지면서 가졌던 위험에 대한 불안에 압도당한다. 왜냐하면, 내가 던진 돌이 아들에게 상처를 입힐 수도 있었기 때문이다. 그러나 나는 선택의 여지가 없었다. 나는 불안과 경악의 상태에서 잠을 깬다.

이 꿈의 시작은 꿈꾸는 사람의 상황을 묘사한다. 즉, 그가 실제로 그렇게 하듯이 친구들의 집을 떠나면서 많은 소지품들을 챙긴다. 친구들은 이 지역에서 계속 살아왔던 한 가족이었다. 소지품들은 챙기는 일(심리학적으로 말하면, 당신이 한 장소를 떠나면서 '가치 있는 것들'을 옮기려는 욕구)에 이어 하나의 상황이 극적으로 나타난다. 그것은 이 이사 행위에 내재하는 근본적인 위험들을 가리킨다.

나무에 있는 어린이는 어머니-자식 관계의 널리 퍼진 원형적 상징이다. 이전의 꿈에서는 돌아가셨던 것처럼 보였던 어머니가 여기서는 나무로 바뀐다. 이것이 식물적 측면에서의 큰 어머니(Great Mother)인데, 무의식적인 것이라는 가장 낮은 심층으로 뿌리를 뻗고, 정신병자의 사고와 관련된 현실의 측면과 관계한다. 첫 번째 꿈에서 '어린애다움을 반대하는 결정' 그리고 결과적으로 '어머니의 죽음'을 초래하는 꿈꾸는 사람의 의식적인 태도는 집단 무의식으로부터의 반응을 유발시켰고, 하나의 원형적 상황을 만들어냈다.

불길한 새(그 꿈꾸는 사람은 이후에 어둡고 사악한 어떤 것으로 묘사하는)는 이 나무에서 살고 있으며, 특히 그 어린이의 왼쪽 눈을 공격하는, 어머니의 아주 위협적인 남성적 요소(animus)를 대변한다. 이 새는 고대의 에리니에스와 일치하며, 전체적인 꿈, 충격적인 악몽은, 그 꿈꾸는 사람의 오레스테스 같은 자아 입장을 공격하는, 어머니 권리(mother right) 수호자의 침입을 대변한다.

왼쪽 눈과 에로스의 원리 사이에는 많은 상징적이고 역사적인 연관들이 있다. 오른쪽 눈이 ─ 구분하고, 분리하고, 구별하는 ─ 주간적인(낮의) 의식을 대변하는 반면, 왼쪽 눈은 연결하고, 결합하고, 애착을 가진다. 왼쪽은 일반적으로 '육체적인 인간이 가진 심연의 측면에', 물질성과 육체성에, 애정을 떼어놓지 않고 하룻밤 동안 전진하는 것을 허용하지 않는 달의 세계의 느린 변화에 우리를 연결짓는다. 그래서 왼쪽 눈은 심연 측면의 의식, 태양을 통해서라기보다는 달을 통한 삶에 대한 관점, 자신의 당면한 물질적 주변에서의 대상들과 가치들에 대해서 형성한 많은 끈적끈적한 애착들에 관한 자각 등을 대변한다. 하나의 전체로서의 꿈은 꿈을 꾸는 사람이 빠져 들었던 위험을 주목하도록 그에게 충격을 주는 기능을 한다.

'자식을 구하는 것'이 달의 양심의 중점적인 관심이다. 여기에 모성적 본능이 끼어들어 그것의 우선권을 주장한다. 모든 대가가 지불되고 어떤 위험을 무릅쓰고서라도 자식은 안전해져야 하고 보호되어야 한다. 어머니를, 어머니와 함께 모성적 원리를 살해하는 것은 자식을 위협하고, 종종 의식에 불편하고 더러운 것으로 비치는 자식의 에로스 애정에게 생명을 빼앗고, 에리니에스 형태의 부정적 어머니의 모진 보복을 만들어내는 결과를 빚는다. 해의 양심의 경우에서처럼, 죄책감과 자책의 형태로 자아에 복수를 가하기보다는, 달의 양심은 악몽, 공포증, 정신병 징후들을 통하여 망연자실하게 만든다. 이런 달의 양심의 공격에 대한 방어는 일종의 정신분열증적인 성숙함이다. 그런데 그것은 도리 없이 에로스로부터, 인간적인 따뜻함으로부터, **물질**에 대한 애착으로부터 쪼개지고 분리되며, 밤에 보이지 않는 적들에 의해 괴롭힘을 당한다.

모든 것이 무의식의 산물인, 비전들과 직관들뿐만 아니라 꿈들도 개인들과 그들의 자연적인 방식인 그들의 디케 사이를 중재하는 기능을 가진다. 능동적 상상이라는 융의 기술은 이 길을 따른다. 그가 극단의 윤리적 엄격함을 가지고 꿈을 해석해야 할 필요성을 강조했을 뿐만 아니라 능동적 상상의 능동적 측면을 주장하는 것은 가능한 한 달의 양심을 깨어 있는 삶 속으로 통합시키려 하는 시도를 표명한다. 이런 통합은 오른쪽 눈과 왼쪽 눈을 가지고 동시에 두 측면들로부터 삶의 상황을 바라보는, 일종을 쌍안의 시각을 초래한다.

자아가 자연의 이런 선동에 충분한 도덕적 엄격함을 가지고 대응하지 못한다면 무슨 일이 일어날 것인가? 자연은 판단을 넘어선다. 즉, 꿈들은 후회를 보여주고 악몽으로 바뀐다. 에리니에스와 네메시스는 짝을 이루고, 테미스는 이크나이아 (Ichnaia)로 변하고, 디케의 '정당한 징벌'은 자연의 보복이 된다. 간단히 말해, 달의 양심이 판단하고 선고를 내릴 때 그 처벌은 의식 속에서의 죄책감 반응이라기보다는 육체적 반응이거나 동시적 사건인 경향이다. 무의식은 격렬하게 흥분할 수 있고, 그것은 많은 종류의 파국들 — 우울증, 강박 충동, 노이로제, 심신장애, 우발 증후, 공포의 꿈, 질병, 인간 비극 등을 만들어내는 것 같다.

## 마아트

달의 양심의 판단들이 '다른 측면'에서 기원하고 생긴다는 것은, 말하자면 사자(死者)의 판단에서 이집트 여신 마아트 (Maat: 진리와 정의의 신)가 행하는 역할에 의해서 입증된다. 마아트는 그리스의 테미스와 동등한 이집트의 신이며, 우주적인 자연법칙과 질서의 신적 대변자로서 정의롭다.

버지(Budge)는 그의 이집트의 신화학에 관한 연구에서, 마아트는 이집트 사람들에게 알려진 최고의 물리적 도덕적 법과 질서의 관념이었다고 밝히고 있다(1969, p.421). 브랜든 (Brandon)에 따르면, 그녀의 이름 자체가 "진리, 질서, 정의, 옳음" 등을 의미했다(1967, p.11). 그녀의 상형문자 ◢▭ 는 "조각가에 의해서 사용되는 어떤 도구, 즉 끌을 표현한다." 그것은 "곧은 것을 가리키며", 장인들의 작업을 계속하게 해 주는 도구이다(Budge 1969, p.416).

은유적으로 표현하면, 마아트는 그것에 의해 남자들의 삶과 행위가 곧게 통제되는 규칙 혹은 법칙, 혹은 규범이다(ibid., p.417). 그러나 그것을 넘어서서, 이 여신은 '우주의 근본적 법칙', 테미스와 디케의 신화에서 묘사된 자연의 질서를 대변했다(Brandon 1967, p.11). 우주의 질서의 원리로서, 마아트는 "사회적 질서의 원리로서 간주되고, 정의, 진리, 옳음 속에서 표현된다. 마아트와 반대되는 것이 무질서이다."(ibid) 여기서 다시, 테미스의 신화에서처럼, 우주적 질서는 사회적 질서에 선행하고 그것을 위한 선험적 조건을 형성한다.

우주적 질서로서 마아트는 태양신 레(Re)의 음식이다. 그녀는 역시 '레의 눈(eye of Re)', 그리고 레의 카(Ka of Re)이다 (Brandon 1967, p.11; Budge 1969, p.418; Bonnet 1952, p. 432). 그녀는 "하늘의 숙녀(lady of heaven), 땅의 여왕(queen of the earth), 지하세계의 안주인(mistress of the Underworld)이다."(Budge 1969, p.418) 마아트의 위대한 적인 세트(Set)는 그리스 아레스의 이집트적 변형으로, 큰 무질서, 불의 신, 야망의 신이다.

마아트의 가장 중요한 신화적 활동은 사자가 마지막 심판을 받기 위해 가는 두 진리들의 회관(Hall of Two Truths [Maati])에서 일어난다. 여기서 심장이 타조의 깃털과 함께 저울대 위에 놓인다. 그런데 그것이 마아트(진리)의 상징이다. 때때로 마아트 자신이 균형이다(Budge 1969). 죽은 자의 영혼이 정당하다고 판단되기 위해 그 저울대가 어떻게 기울어야 하는지는 불분명하다. (브랜든은 심장과 깃털이 정확하게 균형을 이루어야 한다고 생각한다.) 그 심장이 마아트의 무게와 정확하게 같은 무게를 보이면 그 사람은 정당한 사람이 된다. 그 심장은 "목소리의 가락에 일치한다고 말해지는데, 다른 말로 표현하면 그것은 신적인 질서에서 할당받은 자리에 적합하다."(Ions 1965, p.115) 아니면 그 사람은 "악어, 사자, 암무트(Ammut: 죽은 자를 먹는 자)라고 불리는 하마 등이 부분을 이루는 무시무시한 잡종 괴물에게 던져진다."(Brandon 1967, p.29)

심장이 저울질되기 위해 선택된 기관이라는 것은 의미심장

하다. 브랜든은 이렇게 말한다. 이집트인들에게,

　　심장은 육체의 가장 중요한 기관일 뿐 아니라, 그것은 양심이
었다. ― 사실 그것은 실제로 '인간 속에 있는 신'으로서 실체화
되었다. (1967, p.37)

　　그런데 심장은 인간에게서 인간세계 속으로 꿰뚫고 들어가
는 우주적 질서의 신탁의 목소리인 마아트의 목소리를 대변
한다.
　　이 관념에 대한 구약성서의 언급은 야훼(Yahweh)를 대변
하는 예언가 예레미아(Jeremiah: 헤브라이의 비관적 예언자)
에 의해 이야기된다. 즉, "나는 그들 내부에 나의 법을 들여
놓고, 그것을 그들의 심장 속에 적어 넣을 것이다."(Jer. 31:
33). 분명히 이집트 사람들에게, 이것은 약속이 아니고 사실
이다. 즉, 마아트에게 입증된 자신의 심장인 것이다.
　　그러나 동일한 이유로, 심장의 말들은 이집트 사람에게 하
나의 문제가 되었다. 심장은 자율적이고 그 자신의 박동에 맞
추어 행진했다. 그것의 위험은 두 진리들의 회관 속에서 분명
하다. 거기서 심장은 그 사람을 입증하고자 하는데, 그래서
자아에게서보다 마아트에게서 훨씬 더 강한 유사성을 보인다.
브랜든은 이렇게 말한다.

　　이 믿음은 너무 확고해서, 심장에게 주어지는 특별한 기도문
이 스카라베(scarab: 신성시된 풍뎅이, 또 그 모양으로 조각한

보석이나 도자기. 부적이나 장식품으로 사용되었다) 모양의 부
적에 새겨졌고, 시신을 방부제로 처리하는 의식이 진행되는 동
안 심장의 자리에 놓였다. … 고인이 그 기도문을 소리 내어 읽
었다. (1967, p.37)

그 기도문은 심장에게 "나를 반대하는 증거로" 일어서지
말라고, "심판관 앞에서 나를 반대하지 말라고" 간절히 청한
다(ibid).

고대 이집트 사람들에게는, 자신의 몸속에서 있으면서 예언
자처럼 자연의 법칙을 대변하는 자는 그리스 사람들에게보다
는 일상적 의식에 훨씬 더 가까울 것이다. 그런데 그리스에서
는 가이아와 테미스는 델포이에서 더 낮은 세계로 강제로 퇴
출당하여 거기서부터 꿈속에 메시지들을 보냈다. 이집트에서
는, 해의 양심과 달의 양심 간의 구별은 아직 분명하지 않았
다. 즉, 마아트는 우주 질서를 대변하면서, 또한 (태양의 신)
'레의 눈(eye of Re)'이며, 레의 아들들은 파라오(Paraoh)라는
왕좌에 앉아 있다. 그래서 법과 정의는 통합되었고, 자연 질
서와 사회 질서의 조정자들은 하나이며, 파라오와 마아트 아
래에서 통합된다. 마아트의 신탁을 통해, 심장, 사회생활에 관
한 법과 관습은 더 깊은 정의의 직관들에 의해 승인되었고 그
것과 통합되었다.

그 왕국이 부패하고 쇠퇴와 불화로 빠졌을 때, 마아트의 확
고한 진실과 심장의 증언들은 파라오의 혼란한 통치와 갈등
하게 되었다. 법과 정의는 친구들을 갈라놓았다. 이것의 한

결과는 특별한 문서인 "세계에 지친 인간과 그의 영혼과의 대화"에서 발견된다(Jacobsohn 1968). 여기서 영혼(Ba)은 자아-의식을 그것의 방식, 그 시대의 집단 의견에 의해 지지를 받는 방식의 어리석음과 대조시킨다. 이 독특한 예에서, 일상적으로 내세로 추방된 판단이 현세에서 이루어지고, 자아는 그 자체의 것이 아니며 사회와 법을 통해 그것에 전달되지도 않는, 진리(마아트)의 한 측면으로 나타난다. 그것은 오늘날 우리가 능동적 상상으로 불리는 것에 작동하는 달의 양심의 한 예이다. 바(Ba)는 낙담한 주인공의 자살 충동을 강하게 반대한다.

디케처럼 마아트도 자연세계 속에서 사물들이 서로 관련되어 있음을 나타낸다. 자연의 질서에는 많은 연관들이 있으며, 각 사물은 직·간접적으로 다른 모든 것과 연관되며, 각 사물은 그것이 어울리는 장소를 지닌다. 마아트는 자연 속의 대립들을 서로 연관시키거나, 오히려 그것들이 내재적으로 연관되고 있음을 주장한다. 이온스(Ions)는, 마아트는 상반되는 것들, 즉 비옥한 계곡과 사막, 선과 악 사이의 '균형'을 대변했다고 말한다(1965, p.115).

이런 관점에서 본다면, 마아트의, "균형의 신"(Budge 1969, p.403)인 토트(Thoth: 고대 이집트의 지혜와 마술의 신. 해오라기 머리에 인간의 몸을 하고 있다)와의 관계를 고려하는 것이 역시 중요한 일이다. 토트와 마아트는 서로 상대되는 존재들이다. 달의 신 토트는 또한 "실제적 개념과 도덕적 개념에서 법의 달인"이며, 심장의 저울질에 중요한 인물로 참여하며, 거기서 그는 그 결과를 기록하고 마지막 판결을 내린다. 그는 또한 심장과 밀접하게 연결된다. 그의 이름은 이집트에서 따오기의 가장 오래된 이름으로부터 나왔고, 따오기는 종종 상형문자로 심장을 나타낸다(ibid., p.402). 균형의 신으로서의 토트의 역할도 중요하다. 왜냐하면 그는 심장-저울질의 의식이 진행되는 동안 균형을 지켜보고 있을 뿐만 아니라 신들 사이에서의 갈등들을 중재하기 때문이다.

> 토트는 조정자였고, 그의 의무는 어느 하나의 신이 너무 많은 우세를 얻고 다른 신들을 파멸시키는 것을 막는 일이었다. 사실 그는 이런 적대적인 세력들이 정확한 균형을 유지하도록 해야 했는데, 그 세력들은 빛과 어둠, 혹은 낮과 밤, 혹은 선과 악이었다. (ibid., p.405)


## 달의 양심과 다원주의

어떤 신도 완전한 승리를 얻을 수 없다는 이런 원리는 우리에게 에우리피데스(Euripides)의 『히폴리투스(*Hippolytus*)』에서 아르테미스(Artemis)가 말한 노선들을 상기시킨다. 거기서 그녀는, 어떤 신도 다른 신의 의지에 관여할 수 없지만 각각은 하나의 자리를 차지한다는 올림포스에서의 법칙을 인용한다. 이 원리는 다원적인 체계, 다신론에서 세력들 사이에서의 균형을 유지하려는 시도를 나타낸다. 판테온(Pantheon)에서의 각 신의 위엄과 특전을 유지하려면, 견제와 억제의 법칙을 시행함으로써, 잠재적으로 혼란의 상황과 혼란을 유발할 상황을 규제하고 응집시킬 하나의 초월적인 원리가 있어야 한다. 이 원리에 깔려 있는 가정은 모든 것이 전체로서의 우주를 위해서 필요하다는 것이다.

달의 양심의 보수주의에 깔려 있는 것이 이 원리이다. 달의 양심은 모든 원형들을 전체를 위하여 심리적 영역 내에서 살고 번성하도록 만들 것이다. 그런데 그 전체는 초월적 구조(하나, the One)이다. 그것의 기능은 각 부분을 공정하게 다루기 위해 전체를 규제하는 것이다.

해의 양심은 서구 문화에서 일신교 전통의 한 특징으로 전수되어 왔으며, 그것은 집단의식의 지배적인 일신교적 태도를 지지하기 위해 기능한다. 우리가 공동의 법 전통으로서 알고 있는 것은 법적 체계의 토대이다. 그러나 그것은 그것 속에 권력에 굶주리고 신화적이고 먹어치우는, 모든 다른 신들을 배제시키려고 집요한 압력을 행사하며, 문화와 사회 내에서 위계적 조직이 가치를 가지는, 아버지의 많은 것을 가진다.

반면, 달의 양심은 공동의 법과 집단적 합의의 명령을 초월하여 정의와 균형을 강요한다. 그것은 역시 그것이 무엇이든 삶의 가능성들을 모두 보존하는 것을 추구한다. 그것의 일차적 가치는 배제보다는 전체성과 완전성이다. 달의 양심은 전체를 위하여, 사회적 관점으로부터 어둡고 열등한 것마저 구하기 위하여 자아에게 완벽(perfection)보다는 완전(completeness)을 유지하라는 의무를 부가한다. 고상한 이상을 위하여 그러한 부분들을 뽑아내고 태우기보다는 차라리 그것은 모든 현상들을 구한다. 그것의 목표는 특별히 역전이나 변형이 아니고 보수와 균형이다. 이런 우주 내에, 자아 역시 하나의 자리를 가질 것이다. 즉, 그 특정한 자리(the place)가 아니고 어떤 하나의 자리(a place)를 지닐 것이다.


## 달의 양심의 매력

달의 양심이 자아 속으로 주입시키는 정의의 원리에 대한 의무감은 대단히 중요하다. 이것이 없다면 도덕적 엄격함이 부족할 것이며, 자아는 적절한 준비도 없이 그것의 실수와 어리석음의 결과를 겪고 말 것이다. 윤리적 엄격함을 가지고 자아가 달의 양심을 받아들이기 위해 발견할 동기들은 적어도 두 가지이다. 즉, 결과에 대한 두려움과 그것에의 사랑의 긍정적 감각이다. 전자는 에리니에스와 네메시스를 이야기할 때 충분하게 고려하였고, 지금은 후자를 고려할 것이다.

그리스의 신화 작가들에 의해 묘사되었듯이, 테미스의 개인적 속성들 중의 하나는 그녀의 위엄의 매력 외에 그녀의 대단한 아름다움이다. 로셔는 그녀를 그린 그림들은 아르테미스, 레토(Leto), 아테나(Athena) 등을 그린 그림들과 그 아름다움이 비교된다고 말한다. 그녀의 육체적 매력은, 제우스가 무절제하게 그녀를 쫓아다니고 결국 그녀와 결혼하게 되는 신화에 의해 확인된다.

테미스의 상징은 칼과 램프, 그리고 마요라나(marjoram: 향

신료로 이용되는 식물)와 **여성 외음부(pudenda muliebria)**를 포함한다(Farnell 1907, p.15). 여기서 마요라나의 의미는 성적이며, 다산성과 관계가 있다. 그것은 갈레노스(Galen)가 수목(樹木) **철학(arbor philosophica)**을 묘사하는 구절에서 언급된다. "루나티카(Lunatica)나 베리사(Berrisa)라는 이름의 어떤 풀 또는 식물이 있다. 그것들의 뿌리는 금속을 함유하는 땅이며, 그것의 줄기는 검은색의 맥이 있는 붉은색이며, 그것의 꽃은 마요라나의 꽃들과 같다."(Jung 1955-1956, par. 157에서 인용) 융에 따르면, 이 신비로운 식물은 달의 식물이며 그것은 땅을 비옥하게 만드는 달의 영향력과 관련된다. 이런 관련으로부터 우리는, 테미스의 마요라나와의 연합은 그녀의 다산성에 관해 무언가를 말해 주며 그녀를 성과 연관시킨다고 추측할 수 있다. 마요라나와 성과의 연합은 존 스켈턴(John Skelton)의 사랑스러운 시 「마저리 웬트워스 여왕에게(To Mistress Margery Wentworth)」의 구절에서 언급된다.

> 부드러운 마요라나
> 아름다운 꽃을 가지고
> 수를 놓은 외투가
> 당신의 처녀막이다.
> (With marjoram gentle,
> The flower of goodlihead,
> Embroidered the mantle
> Is of your maidenhead.)

마요라나는 테미스의 다른 상징인 **여성 외음부**에 직접적인 영향을 미친다. 그것은 테미스를 직접적으로 다산성과 성으로 연결시킨다. 파르넬(Farnell)은 테미스 숭배와 연계된 '신비의 식들(mysteries)'과 **난교(orgia)**가 있었다고 주장한다. 그리스의 난교 관념은 우리의 비열한 관념과는 다르게 다산성과 동시에 쾌락을 가져다주는 성의 본질에 충실한 의식들에 집중하였다. **여성 외음부**의 열애자로서, 테미스 숭배자들은 분명히 아주 많은 성적인 성격을 지닌 의식들과 관행들에 참여했다.

여기서 테미스는 그녀의 신봉자들을 강렬하게 그리고 음란하게 흥분시켰던 것으로 보인다. 그들은 관심을 보이지 않을 경우 자신들에게 초래될 결과들에 대한 두려움으로부터 뿐만 아니라 에로스와 헌신으로부터 테미스를 숭배하고 그녀의 가치들에 대해 존중하게 되었다.

우리가 테미스를 통해 확인할 수 있는 마음의 움직임의 양식을 통하여, 흥분된 신봉자들이 이런 식으로 쏟아내는 성적 충동(리비도)은 또한 우주 전체를 함께 묶는 에로스(Eros)로의 헌신에 활력을 부여한다. 테미스적 에로스는 자연적 세계에서의 사물들의 에로스-연관성이 된다. 이것은 '신비의식(mystery)'이다. 즉, 성적 에너지를 끌어낼 수 있는 테미스가 이 에너지를 달의 양심으로, 세계, 정의와 균형, 모든 생물들에 대한 사랑과 관심으로 변형시키는 것이다. 그린넬(Grinnell 1973)이 말하듯이, 그의 용어인 '여성적 양심'은 에로스를 견제하기도 하고 그것의 상징적 변형을 위하여 작동하고, 성적 활동을 향한 외향성의 운동을 포함하고 반성을 통해 세계를 묶는 에로스로 그것을 변하게도 한다.

테미스와 그녀의 숭배자들 사이에 흐르는 성적 충동의 방출은 그 신봉자를 그 여신에 묶을 뿐만 아니라 그 여신을 통하여 지나감으로써 그 신봉자들을 서로에게 그리고 세계에 묶는다. 여기에 바호펜이 군혼(群婚)의 세계라고 부른 것으로부터 모계 세계로의 이동이 있다. 한 집단의 중심에 서는 테미스의 위치는 타인들에 대한 존경과 관심으로부터 생겨날 수 있는 선한 질서를 만드는 데 기능하면서, 회합과 축제를 주재하는 그녀의 신화 속 역할에서 표현된다(Harrison 1912, p.482). 도시국가에서의 민중들의 회합에서 그녀의 대변인은 가장 높은 자리에 앉았다. 거기로부터 그녀는 그 회합을 소집했고, 질서를 명령했고, 그 회합의 마지막에 그것을 해산시켰다. 올림포스에서 테미스는 올림포스 테이블의 머리에 앉았다. 모든 식기들과 음식이 거기에 있었고, 그녀는 신들을 불러서 먹게 하고, 식사 동안 하인들이 출입하는 것과 포도주를 따르는 것, 음식을 내어 가는 것, 올림포스의 연회를 이루어지게 하는 각종 요소들이 조화롭게 상호작용하게 하는 일종의 규제자로서 기능한다.

정치적 회합과 올림포스 연회의 주재자로서 테미스는 그녀의 위엄과 정의가 가진 질서의 효과를 드러내 보이는 것이다. 이런 측면에서 그녀는 이집트의 토트를 반영한다. 토트도 하나의 조정자로서 기능했던 것이다.

## 달의 회합과 사랑의 법칙

달의 양심의 원형적인 이미지로서, 테미스는 노이만이 이른 바(Neuman 1969, p.103) 심리학적 유엔(Psychological United Nations)을 소집하고 주재한다. 모든 원형적 인물들과 세력들은 참여할 수 있고 말할 수 있었다. 테미스는 도덕적 엄격함의 직감을 불러일으키고, 위대하고 힘 있는 자에게 그들의 덜 두드러진 형제들과 자매들의 반대들과 기여들에 양심적으로 귀를 기울이도록 만든다. 더욱이 그녀가 각각의 권리들과 특전들을 지지할 때, 그녀는 또한 각각을 대화하는 접촉을 가지도록 하고, 그래서 궁극적으로 그 전체를 뒷받침한다. 각자를 포함함으로써 그녀는 하나를 서로에게 그리고 전체에게 묶고, 그래서 전체성의 질서를 창조하는 것이다.

테미스가 다수에 대한 하나의 지배를 반대할 때, 그녀는 궁극적으로 다양성에 대한 통일성, 파편화에 대한 전체성, 억압에 대한 통합 등을 지지한다. 이런 지지하고 결합하는 활동에서 테미스는 달의 양심의 근본적 작동 원리를 드러낸다. 즉, 그것은 사랑의 법칙이다.

오레스테스를 상기하면, 우리는 그의 범죄가 보여주는 것을 더 분명히 알 수 있다. 어머니의 살해는 사회적으로 뿐만 아니라 심리적으로 하나의 범죄이다. 사회의 가치들을 대변하는 합창단은 그의 행위를 지지할 수 있다. 그러나 그들은 어머니 권리의 가치들을 지키고 시행하는 에리니에스의 맹공격을 볼 수 없다. 아폴론의 태양과 같은 명령에 복종하는 오레스테스는 어머니 권리와 달의 양심의 근본적 전제를 어긴다. 그러므로 오레스테스의 범죄는, 델포이로부터 그 뱀(악마)을 몰아내고 그것을 스스로 이어받는 아폴론의 일종의 재현이다. 두 경우들에서 땅의 신탁의 힘은 억압되고, 두 경우에서 역시 이 행위는 큰 어머니(Great Mother)의 마음속에 난폭한 동요를 불러일으킨다. 아폴론의 강탈을 위해 '사람들의 도시들'은 혼란에 빠지고 분열을 겪고, 그의 나쁜 충고를 위해 오레스테스는 미치게 되고 짐승처럼 땅을 돌아다니며, 수년 동안 퓨리스의 학대를 겪는다.

오레스테스가 겪은 고통의 끝은 아테나의 조정을 통해 다가오며, 타우루스(Taurus)의 야만적이고 낯선 땅으로부터의 그의 누이 이피게니아(Iphigenia)의 탈출과 동시에 일어난다. 여신 아르테미스에게 이 동생이 희생당하는 것이 아가멤논의 가정에 닥쳐온 비극들의 이면이다. 즉, 이것은 클리템네스트라의 무시무시한 분노의, 그녀의 아가멤논에 대한 복수의, 그래서 궁극적으로 그녀의 아들 오레스테스의 손에 의해서 그녀 자신이 죽음을 당하는 원인이었다. 속죄의 의미로 오레스테스는 타우루스의 땅으로부터 아르테미스의 동상을 회수해야 했으며, 그의 충실한 친구 필라데스(Pylades)와 함께 이 임무를 수행하면서, 그는 오랫동안 잃었던 그의 여동생을 데리고 돌아온다. 이것이 여성을 구출하는 이야기이다.

이 이야기가 보여주듯이, 모친살해의 처벌은 오직 여성의 영혼을 생명의 땅으로 데리고 옴으로써만 피해질 수 있다. 그녀가 타우루스의 해안가에 서서 고향이 그리워 울고 있을 때

이피게니아의 통렬한 한탄은 아르고스(Argos: 그리스 남부의 고대 도시)의 땅으로 돌아가려는 그녀의 열렬한 소원을 말해 준다. 그녀는 아버지에 의해 결정된, 전쟁을 일으키는 그리스 민족이 상실한 영혼이다.

아르테미스의 여사제로서, 이피게니아는 달의 여사제이다. 아르테미스는 달의 신이기 때문이다. 케레니(Kerenyi)는 이렇게 말한다. 즉, "달이 비칠 때 아르테미스는 있고, 짐승들과 나무들은 춤출 것이다."(1988, p.149) 오레스테스는 아르테미스도 이피게니아도 그리스로 다시 데려오고, 또한 달의 요소를 되돌렸던 것이다. 그리고 이것 때문에 그는 결국 테미스가 주재하는 아테네의 회합의 투표에 의해 그의 죄를 면제받는다. 달의 양심은 결국 만족하고 무서운 퓨리스는 그들의 은신처로 돌아간다.


## 두 가지 여담들

홀트(David Holt 1973)에 따르면, 마르크스가 근대 자본주의 사회를 만났을 때 경험했던 기본적인 도덕적 격분은 속임을 당한 자연의 하나의 지각과 관련을 가졌다. 마르크스가 보았듯이, 돈의 독립과 돈을 벌기 위한 돈의 사용은 인간성과 자연의 상호의존성이 근본적으로 파괴됨을 보여주었다. 이제, 음식과 생계를 위해서 자연에 의존하기보다는, 순전히 문화적인 인공물, 돈에 의존할 수 있을 것이다. 마르크스는 인간 사회와 자연 사이의 절대적으로 중요한 관계를 이렇게 끊어버리는 것을 시급하게 고칠 필요가 있는, 극악무도하게 비도덕적인 사태로 보았다. 이런 근대의 상황에 대한 이후의 마르크스주의자들뿐만 아니라 마르크스 자신의 분노는 에리니에스의 도덕적 특색을 지닌다. 즉, 경영인들과 자본주의적 돼지들(과 같은 탐욕자들)을 소멸시켜 버리자!

다른 한편, 그는 그의 동료들로 하여금 노동자 대중(Lumpenproletariat)과 일체가 되라고 촉구했다. 공산주의, 형제애, 세계의 노동자 대중들의 단결이라는 그의 관념은 결국 바호펜이 묘사한 모계적 의식을 근대적으로 다시 언급한 것에 해당한다. 또 다른 연관은 둘(마르크스주의와 모계 의식)의 세계관에서의 유물주의(materialism)의 우선성이다. 마르크스주의적인 윤리적 태도에서 우리는 달의 양심이, 비록 아주 일방적이고 극단적인 형태이긴 하지만, 작동하고 있음을 볼 수 있다고 나는 생각한다.

둘째, 다른 문화들로부터도 자연적 우주 질서의 테미스-디케-마아트 양식과 유사한 점들을 많이 끌어낼 수 있음을 나는 언급하고 싶다. 예를 들어, 인도의 다르마(dharma)에 관하여 짐머(Heinrich Zimmer)는 "그것은 사회구조가 결합되고 유지되게 하는 신적인 도덕 질서"라고 말하고 있다(1951, p.163). 어원적으로 볼 때 다르마는 "잡다(hold), 지탱하다(bear), 나르다(carry)"에서 나온 말이며, "함께 잡아서, 지탱하고, 들어올리는 것"을 의미한다(ibid). 짐머는 계속 이야기한다. 다르마는 법과 관습의 전체 맥락만을 가리키는 것이 아니라,

그의 의무, 사회적 기능, 직업, 혹은 도덕 기준 등이 결과적으로 지금의 것이 되도록 만든 본성, 인격, 혹은 개인의 자질 등을 가리킨다. 다르마는 현실 속에 작동하게 만들어진 이상적 정의(justice)이다. 자신의 다르마가 없다면 어떤 사람이나 사물도 하나의 모순된 것이다. 순결한 신앙 고백도 불길한 신앙 고백도 있지만 모두가 성스러운 신에 참여한다. 따라서 '덕'은 자신에게 주어진 역할을 완전하게 수행하는 것과 일치한다. (ibid)

다르마의 관념은 달의 양심에서 발견되는 상대주의와 절대주의의 결합을 예증한다. 즉, 한편에서는 '덕'은 삶의 상황에 상대적인 것이며, 위치한 곳과 개인의 본성에 의해 결정된다. 다른 한편, 다르마는 우주 질서의 절대적 원리이다. 따라서 한 사람의 덕은 다른 사람의 악일 수 있다.

해리슨은 중국의 도(道) 관념에서 테미스와 또 다른 유사점을 발견한다. 둘 다 '세계의 길(the way of the world)'을 표상한다. 도를 믿는 사람들에게는, 주역(周易)은 윤리적 행위의 규범들을 제시한다. 해의 양심의 관점에서 본다면, 이것은 줄잡아 말하더라도 자의적이고 모순적인 것 같다. 왜냐하면 주역은 주사위가 던져질 순간의 우주 상황에 따라 그것의 도덕을 '바꾸기(change)' 때문이다. 이것은 가장 급진적인 형태의 상황윤리(situation ethics)이다! 주역의 상담자는 옳음과 그름에 대한 어떤 이상적 관념에 대항하면서 그 자신의 마음이나 동기를 검토하지 않고 우주적 상황을 검토한다. 이 결과를 토대로 적절한 행위방식을 선택한다. 이것은 다시 달의 양심의 접근법과 일치할 것이다. 즉, 법관들을 소집하고, 그 상황에서 다양하게 작동하는 영향력들이 무엇인지를 찾아보고, 적들이 서로 거리낌 없이 논쟁하게 하고, 그러고 나서 무엇을 행해야 할지에 관한 결정을 내린다. 심리학적으로, 이것은 결국 꿈들, 의식적 상황(그것의 가장 넓은 범위에서), 이 순간에 작동하는 콤플렉스 등을 검토하고, 그러고 나서 충분한 논의와 성찰 후에 그 성찰의 결과를 받아들이는 것과 매한가지일 것이다. 이것은 해의 양심의 권위적인 작동과는 아주 다른 절차이다.

# 제 4 장
# 해의 양심과 달의 양심의 관계

　나의 철학 교수님은 1960년대에 남부 도시에서 일어난 민
권 운동인 3월의 자유 행진(Freedom March)에 참여한 이야
기를 나에게 들려주셨다. 행진의 참여자들은 어느 교회에 모
여 평화적으로 길거리를 걸어가기 시작하였고, 자유의 노래를
부르면서 주 법원 계단에서 시의회 의원들과의 만남을 준비
했다. 그들은 어떤 다리에 도착했고, 그 다리 위에는 가축을
내몰 때 사용하는 몽둥이를 들고 개를 데리고 헬멧을 쓴 경찰
들이 시위대를 기다리고 있었다. 경찰 우두머리는 확성기를
들고 큰소리로 외쳤다. 그들은 법을 어기고 있으며 즉각 해산
하지 않으면 체포되어 투옥될 것이라는 내용이었다.

　그 교수님은 감옥에 가본 적이 없었다. 그는 법을 지키는
시민이었고 나라의 법에 불복종하지 않았다. 딜레마가 생긴
다. 법을 따라야 하는가? 아니면 정의와 앞으로의 행진을 위
해 그 소리를 계속 들어야 하는가? 그는 회상하면서 두려움을

고백했지만, 그는 키에르케고르가 "종교적인 것"을 위해서 "윤리적인 것을 연기해야 한다."고 한 말의 의미를 뼛속 깊이 이해하는 순간이었다고 말했다.

법을 지켜야 하는 의무와 정의를 따라야 할 의무 사이와, 합법성을 대변하는 양심과 정의를 요구하는 양심 사이의 관계는 무엇인가? 둘 다 일종의 도덕성을 대변하고, 자아로 하여금 윤리적 명법들을 만나게 한다. 정의는 법의 토대라고 말할 수 있지만, 정의는 법에 달려 있다고 주장할 수 있을 것이다. 어느 것이 우선하는 것인가? 그것들이 개인에게서 그리고 사회 속에서 어떻게 연결될 수 있는가?

이 장에서 나는 해의 양심과 달의 양심의 관계를 검토할 것이다. 그것들은 자아로 하여금 어떤 '타인'을 위해서 자신의 당면한 이익과 만족을 포기하라는 요구들에 직면하게 하는 하나의 심리적 실체의 두 측면들이다. 그러나 해나 달 중에서 어느 '타인'인가? 자기 자신의 개인적 양심의 소리를 듣는 문제는 종종 애매모호한 일이며, 보통 명백한 대답은 나오지 않는다.

해의 양심의 심리적 토대를 검토하기 위해서, 나는 양심을 근본적으로 현실세계의 권위적 인물들에 뿌리내리고 있다고 생각하는 사회학 혹은 인간관계 이론을 먼저 검토하고 나서 내부 심리 이론을 살펴볼 것이다. 그것은 투입(introjection)을 통해 내부적인 것이 되며, 그래서 양심의 목소리는 부모와 다른 권위적 인물들의 메아리로 간주된다. 이어서 나는 양심의 계통발생적 근거에 대한 프로이트의 관점을 살펴보았으며, 원시인 무리에 관한 그의 인류학적 사고를 고려하였다. 거기서는 흉포하게 소유욕이 강한 아버지는 그의 지배를 받으며 질투하는 아들에 의해 살해되었고, 그 아들은 자책감을 경험하였고, 속죄의 희생을 제공했다. 내부의 처벌로 이어진 이 원시적인 살인사건은 우리가 양심으로 알고 있는 내부 학대자를 위한 토대를 제공한다.

근친상간과 살인의 원시적 장면에 대한 프로이트의 이미지는 그리스 신화 속의 아버지들, 우라노스와 크로노스의 검토를 가져왔다. 여기서 다시 그들의 아들들이 그들을 전복할 것이라는 데 대해 불안해하고 그들을 억압함으로써 그 섬뜩한 예상을 예고하려는 신화 속의 아버지들이 있다. 그들은 궁극적으로 실패한다. 즉, 우라노스는 그의 아들 크로노스에 의해 거세되며, 크로노스는 그의 아들 제우스에 의해 타르타로스(Tartaros)로 던져진다. 신들의 가계의 후계자인 제우스도 역시 그의 자리에 불안을 보이고 메티스(Metis), 아테나(Athena)를 임신한 그의 어머니를 삼켜버림으로써 그 자리를 지키려 한다.

이러한 신화들은 해의 양심의 배경이나 토대들을 가리킨다고 나는 주장해 왔다. 해의 양심은 마음속에서 하나의 콤플렉스가 나타나듯이 나타난다. 즉, 그것의 의식으로의 접근은 불안을 창조한다. 해의 양심의 구체적인 가치들은 외적인 권위적 인물들로부터 도출되며, 가정, 집단, 문화의 지배적인 도덕적 가치들을 대변한다. 프로이트가 언급하듯이, 그것은 많은 경우들에서 현실적인 권위적 인물들의 위협과는 무관한 처벌을 예상함으로써 역동적으로 활성화된다. 양심의 가혹함과 야만성에는 이상하게도 원형적이고 원시적인 어떤 요소가 있다. 프로이트가 그렇게 불렀지만 초자아(superego)는 특별히 해의 양심에 어울리며, 그것의 자아와의 관계에서 그것은 '위에' 서 있고, 판단하고, 규칙을 주장하고, 경계를 설정하고, 해야 할 것과 하지 말아야 할 것을 선언한다. 간단히 말해, 그것은 자아의 활동과 태도를 집단적 삶의 지배적인 것들에 수용될 수 있는 특별한 양식들과 일치하도록 하려 한다. 이런 식으로 해의 양심은 특별한 사회적 맥락의 공동의 법, 집단적 관습들의 내적 대변자이다.

해의 양심은 또한 융이 말한 그림자를 만드는 데 있어서도 힘이 된다. 그림자는 사회적 삶에 받아들여질 수 없는 자기(self)의 부분들로 구성된다. 해의 양심은 내적 세계를 단속하고, 그림자는 마음의 어두운 장소들에서 양심의 시선으로부터 숨는다.

해의 양심은 역시 자아-이상과 연관된다. 그런데 자아-이상은 그림자와 강하게 대조된다. 자아는, 어떤 삶의 사건이 그 장막을 걷어내기까지 그리고 스스로를 더 현실적으로 평가하기까지는, 자신이 이상적인 것과 거의 동일시된다는 환상을 유지시킬 수 있다. 그러나 해의 양심과 자아-이상은 너무 밝게 빛나고 너무 매력적인 것 같아서 자아는 긍정적으로 그들과 사랑에 빠지고, 해의 양심의 최고의 업적인 이 연애는, 한 개인 속에 사랑의 법칙을 만들어낸다. 해의 양심은 법적인 전통을 만들어내는데, 그것은 역시 열정의 전통이다.

해의 양심에서 이렇게 현실을 배척하고 이상을 그리는 경향과는 대조적으로, 달의 양심은 삶의 가능성들, 심지어 그림자의 영역에 있는 것마저도 보존하고자 한다. 달의 양심은 있을 수 있는 태도들과 행위의 양식들을 완벽하게 하고 협소하게 하기보다는 정의의 이름으로 그것들을 확대시키고, 각 원형들에게 그것의 정당한 권리를 부여하며, 그리고 자아를 그것의 그림자에, 무시된 어린이에게, 어머니 무의식의 다산성에 내재하는 다른 원형적 가능성들에 연결시키기를 역설한다. 이것은 달의 양심이 맹목적인 관용의 원칙을 대변한다는 뜻이 아니다. 왜냐하면 퓨리스는 어머니 권리의 규범에 대한 위반들을 도저히 허용하지 않기 때문이다. 달의 양심은 해의 양심에 의해 유도된 엄격함과 일방적인 적응들을 파괴시키기 위해 공격하고 그것을 목표로 삼는다. 이런 이유로, 사람들은 가정과 사회에 대한 모든 의무들을 의심 없이 완수했던 사람이 행하는 변태같이 보이는 행동을 만난다. 그런데 그는 아주 성실하게 집단적인 노선을 밟아왔지만, 충실한 삶을 살지 못했다는 '나쁜 양심'의 짐을 지고 있다. 그런 사람은 해의 양심을 준수했지만 개인적 삶을 실현해야 한다는 의무를 무시했던 것이다.

프로이트의 원시적 아버지로부터 우라노스, 크로노스, 그리고 제우스로 이어지는 신화 속 아버지들을 거쳐, 해의 양심의 신화 속 대변자들은 해의 양심의 그들의 권위적인 입장을 유지시키는 데 열렬한 관심을 가졌음을 드러낸다. 그들은 열망하는 집단이다. 지배권을 상실할까 두려워서 신화 속 아버지들은 그들의 잠재적 라이벌들, 보통은 그들 자신의 자식들을 파괴시키거나 먹어치운다. 사람들은 속세에서나 종교에서나 집단생활의 정치지도자들뿐만 아니라 배타적이고 일방적인 개인의 지배하는 초자아에서 이 불안의 요소를 관찰한다.

심층심리학의 렌즈를 통해 바라보면, 자아-의식의 원형적 토대는 해의 양심처럼 행동하는 하나의 구성요소를 포함하는 것으로 간주될 수 있다. 즉, 배타적이고, 특정한 법칙들과 지침들을 역설하고, 다른 콤플렉스들에 대한 자신의 지배를 유지하기를 열망하고, 일종의 심리적 일신론으로 (히폴리투스 [Hippolytus]의 경우에서처럼) 밀어붙이는 것들이다. 사실 자아 발달과 해의 양심의 발달 사이에는 본질적인 유사성이 있을 것이다.

그러므로 심지어 모계적인 문화에서조차 개인적 자아 발달이 일어났거나 고무되었다면, 해의 양심으로의 밀어붙이기가 있을 것이다. 예를 들어, 반체제적인 가치관과 부계적 전통에 대한 불손한 태도를 지녔던 1960년대 히피 문화도 여전히 그 자체 형태의 해의 양심을 가졌는데, 철저히 긴 머리카락, 옷차림, 사고와 대응의 방식, 쾌락의 선택 등을 고집하였다. 마찬가지로, 어떤 집단에 참여하기를 거부하고 과장된 자만과 고립된 화려함의 삶을 사는 극단적인 개인은 독특해야 한다는 강요의 권위에 복종하고 있다.

엄격성과 배타성에 의해 특징지어지는 어떤 태도도 해의 양심의 현전을 드러낸다. 해의 양심은 어떠한 라이벌도 참지 않고 어떠한 동등한 것도 허용하지 않는 진정한 신의 목소리이다. "왜 모든 사람이 나와 같이 열려 있고, 관용적이고, 평화적일 수 없는가?"가 "왜 당신은 다른 모든 사람들과 같을 수 없는가?"라는 전형적으로 온정적인 질문처럼 해의 양심이 묻는 질문이다. 둘 다 하나의 양식을, 하나의 법을, 하나의 세상에서의 존재방식을 고집할 것이다.

개인 자아에 대해서건 집단에 대해서건, 그것의 배타적 권위를 고집하는 원형적 양식은 해의 양심의 목소리를 널리 알린다. 해의 양심은 집단적 가치관의 대변자일 뿐만 아니라 대중의 마음(mass-mindedness)과 집단성의 창조자이며 시행자이다.

그러나 동일한 마음속에서 양심의 달과 같은 측면이 억압된 형태이긴 하지만 작동한다. 달의 양심은 지배적인 양식의 절대적 가치들을 의심한다. 그것은 엄격성을 상대화시키고 말소시키려 하고 배타성을 해소시킨다. 이것은 정의의 이름으로 작동한다. 그것은 사랑의 법칙의 원칙으로 작동하며, 그래서 많은 것들을 통일시키려 하고, 자아를 모두에게 연결시키며 경쟁의 공포로 자식을 먹어치우기보다는 자식의 성장을 육성한다. 그것은 에로스를 작동시키며, 에로스는 분리하기보다는 참여하게 하며, 축소시키기보다는 확대시키며, 엄격하게 만들기보다는 부드럽게 만든다. 여기서 루나(Luna: 달의 여신)가 어떤 모습으로 솔(Sol: 태양신)과 반대로 작동하는지 분명해진다. 각각은 타자를 필요로 한다. 법은 정의를 필요로 하고, 정의는 법을 필요로 한다. 그들의 관계 속에서 우리는 각각에 대한 매우 깊은 평가를 찾을 수 있다.

## 해의 양심으로서의 제우스

해의 양심과 달의 양심의 있을 수 있는 일부 관계들에 대해서 통찰하기 위해, 우리는 제우스 신화를 살펴보고, 나중에는 제우스와 테미스의 결혼을 살펴볼 것이다. 여러 측면들에서 제우스는 그의 아버지 크로노스 그리고 그의 할아버지 우라노스의 양식을 재현한다. 그들처럼, 그를 전복시킬 아들을 낳을 것이라는 신탁을 받은 제우스는 그의 권위를 염려한다. 그의 첫 번째 아내 메티스(Metis)가 임신하자, 그는 그의 아버지 크로노스가 그의 자식들을 삼켜버렸듯이, 그녀를 먹음으로써 그의 운명을 피하려 한다. 우라노스의 방어적 전략이 철저한 억압이고, 크로노스의 전략이 생명의 새 가능성들을 지배적인 태도 속으로 흡수하여 그들을 해와 같은 이상들에 종속시키는 것이라면, 제우스의 전략은 더 철저하다. 왜냐하면 그는 여성적인 것, 아니마, 새로운 가능성들의 어머니 자체를 병합시키려 하기 때문이다. 여기서 통합을 위한 시도로 보이는 것은 실제로 무의식적인 것에서부터 비록 파괴적이기는 하지만 그것의 창조적 잠재력을 빼앗는 것을 목표로 삼는 하나의 방어 노력이다.

지배적인 원형적 양식의 편에서, 권력과 권위에 관한 불안은 죄책감으로 드러난다. 비록 지배적 양식은 그 자체로는 도덕과 무관한(amoral) 것으로 간주되지만, 해의 양심은 그것으로부터 가치관을 추출하고, 도덕적 명법의 옷을 입은 자아에게 그 가치관을 부여한다. 이것이 심리치료에서 상투적으로 만나는 것이다. 환자는 삶 속에 폐쇄되고, 그리고 갱신과 새로운 전향적인 발달을 가능하게 만들, 변화의 힘을 가진 과정을 경험하기는커녕, 그 환자는 심각한 죄책감을 경험한다. 종종 치료는 사태를 수습하려는 생각을 가지는 것으로 시작한다. 그 환자는 자신의 봉쇄를 극복하고 이전처럼 살기 위해 그것을 이해하기를 원한다. 해의 양심인 제우스의 방식으로 들어가 보자. 그것은 무의식적인 저항들과 도전들을 병합시키고, 그것들을 옛날의 지배적인 태도로 만들고, 심지어 그 자신의 목적을 위해 무의식적인 것을 이용한다. 이것은 보통 실패한다. 그러나 하나의 변형이 일어날 수 있기 전에 죄책감은 깊어진다.

태양과 같은 구성요소에서의 그러한 흔들리지 않는 결정에 대한 '어머니들'의 그리고 달의 양심의 무자비한 적개심은 임박한 퇴위의 신탁들 속에서 말해지고, 항상 어머니에 의해서 말해진다. 자연의 이러한 신탁의 목소리는 자아 불안의 상태를 감아올리고 그리고 그것을 주저와 엄격의 극단들 속으로 내모는 임상적 그림에 하나의 구성요소를 더한다. 정체성이 위협받는다. 해의 양심과 달의 양심의 적대적인 관계의 이런 유형에서, 자아는 그것이 해의 양심에게 지지를 구하는 한 '선한 양심'이라는 감각을 즐길 수 있겠지만, 동시에 그것은 삶의 더 큰 요구들과 나쁜 믿음을 가지고 산다는 불안감을 겪는다. 살아지지 않은 삶에 대한 불안감은 기분 속으로 스며든다. 삶과 개인화에 대한 나쁜 양심이라는 감각은 달의 양심의 고요하고 작은 목소리로부터 도출된다.

달의 양심이 지배적인 태도 내에서 더 이상의 움직임을 금지시키고 막을 정도로 충분한 힘을 얻을 때에만, 자아는 그것을 상대할 수밖에 없다. 그러나 여기서 또한 해의 양심의 제우스의 측면은 적대감과 야만적인 힘을 가지고 다가온다.

## 프로메테우스의 반란

우리는 달의 양심의 힘과 해의 양심의 힘이 수행하는 역할을 프로메테우스(Prometheus)의 신화에서 발견할 수 있다. 프로메테우스가 직접 달의 양심의 대변인은 아니지만, 그는 그것과 밀접하게 관련된다. 아이스킬로스(Aeschylus)에 따르면 그는 테미스의 아들이다. 프로메테우스는 제우스가 인간을 파멸시키고자 할 때 인간 편에 선다. 그는 반란의 역할을 수행했으며, 인간에게 불을 가져다줌으로써 제우스의 권위에 도전했고, 신들을 속여 대부분의 동물 희생을 사취했고, 그가 그의 공격에 대한 처벌을 받을 때 자기 정당성의 태도로 분노를 삭였다. 프로메테우스에 대하여 제우스는 주인과 폭군의 역할을 한다. 그는 용서하지 않고 원한을 가지고 잔인하게 응징한다.

전형적으로 제우스 같은 신이 프로메테우스와 같은 신을 창조했다고 말하는 것이 틀리지 않을 것이다. 그 반대도 또한 타당하지만. 즉, 법의 엄격한 시행이 무법(outlaw)을 만들어내고, 무법이 과도한 법 집행으로 몰고 갈 것이다. 제우스와 프로메테우스의 적대적인 충돌은 그들 간에 이미 내재적으로 존재하는 긴장들을 악화시키는 관계들의 소용돌이가 된다. **프로메테우스 영역**(Prometheus Bound)은 제우스가 프로메테우스를 산 속에 가두었을 때 심연의 난국에까지 미친다. 코카서스 산(Caucasus)에 가두어진 그는 그럼에도 불구하고 자랑스럽게 올림포스를 향하여 분노의 고함과 복수의 위협을 퍼붓기를 계속한다.

반란하는 티탄과 올림포스의 왕 사이의 이런 막강하고 극적인 고전적 대결의 의미는 프로메테우스와 테미스의 관계 속에 닻을 내리고 있다. 아이스킬로스의 극은 정의와 그것의 기존 질서의 권력과의 관계의 문제에 주목한다. 프로메테우스를 바위에 묶어놓고 있는 헤파이스토스(Hephaestus: 불과 대장일의 신)는 말한다. "그대의 인간 사랑의 성향에 대해서 당신이 거둬들이는 보상은 이런 것이다. 신들의 분노를 두려워하지 않고 인간들에게 정당한 것을 넘어서는 명예를 부여한 한 신이신 당신에게."(28-30) 이런 관점은 올림포스, 주로 제우스의 지배적인 판단을 대변한다. 즉, 인간들은 '정의'를 이유로, 프로메테우스의 선물을 받을 자격이 없다. 이것은 교만의 표시이며, 신들에 대비하여 인간에게 주어진 몫의 문제이다.

프로메테우스는 정의의 의미를 다르게 해석한다. 그는 제우스의 정의를 고도로 자의적인 권력으로 본다. 즉, 프로메테우스는 말한다. "나는 그가 포악한 신임을 안다. 그리고 그의 정의는 그가 하나의 사태를 그 자신의 기준으로 지켜나가는 것임을 안다."(188-189) 프로메테우스가 인간을 위해 했던 것에 관하여 들을 때, 우리는 인간의 관점에서 티탄이 선한 입장을 가지고 있음을 인정해야 한다.

그(제우스)가 그의 아버지의 것이었던 왕좌에 오르자마자, 곧바로 그는 일부의 신들에게 몇 가지 특권들을 부여하였고 권력을 나누어주었다. 그러나 인류라는 불행한 종족에게는 어떤 주의도 기울이지 않았으며, 그 종족을 지워버리고 새 종족을 창조하기로 마음먹었다. 이런 계획들에 누구도 맞서지 않았다. 나를 제외하고는. 나는 감행했다. 나는 하데스의 집으로 데려갈, 흩어지는 파멸로부터 인간들을 구출했다. (230-237)

올림포스의 지도자에 의해 경멸당하고 죄의 판결을 받은, 죽을 수밖에 없는 인간들에 대한 프로메테우스의 공감적 반응에서, 우리는 삶의 가능성을 구출하려고 하는 달의 양심의 행위를 본다. 왜냐하면 인간성 역시 우주에 속하기 때문이다. 무시당하고 멸시당한 삶의 요소들이 원기를 회복하도록 하는 공감은 달의 양심의 운동들이며 태도들이다.

단순한 불의 선물을 초월하는, 인류에게 줄 선물들의 목록에 대한 프로메테우스의 설명이 그것의 의미를 밝혀준다.

그러나 인간의 시련,
나는 말할 것이다. 어떻게 내가 인간들이 지성이 없음을 알았고,
그들에게 지성을 주었는지, 그들을 그들의 정신의 주인이 되

150

도록 하였는지를.

　나는 이것이 인간을 책망하는 것으로서가 아니라

　나의 선물들의 선의를 설명하는 것이라고 당신에게 말할 것이다.

　처음에 그들은 눈을 가졌으나 볼 눈을 가지지 못했고,

　귀를 가졌으나 듣지 않았다. 하나의 꿈속에서의 모습들처럼

　그들은 긴 삶을 내내 질질 끌고 다녔고 함부로 모든 것을 낭비하였다.

　그들은 해를 마주할 벽돌집을 짓는 법을 몰랐고, 숲 속에서 일하는 법도 몰랐다.

　그들은 지하에서 개미떼처럼 태양이 비치지 않는 동굴 속에서 살았다.

　그들은 겨울의, 꽃피는 봄의, 그리고 여름의 특징을 가지고 있지 않았고,

　그것의 수확물을 가지고 있었으나, 판단하기 어려운 별들의 떠오름과 짐을

　그들에게 내가 판단하기 어려운 별들의 떠오름과 사라짐을 보여주었을 때까지는

　— 그래, 그것이 나였다 — 앎이 없이 이 모든 것을 하였다.

　그리고 미묘한 도안들 중 두드러진 것과,

　기억, 기술이 능숙한 뮤즈들(Muses: 시와 음악 학예를 주관하는 여신들)의 어머니,

　속에 모든 것을 붙잡아 두는 문자와의 결합들을 세면서.

　나는 그것들을 평결하였다.

　(441-461)


　약품들과 의술들의 발명, 꿈들에 대한 예견과 해석, 야금술 등 … 이 목록은 문명에 요구되는 기술과 교역의 대부분을

포함한다. 그러나 긴 목록은 모든 인간문화의 선험적인 것(a priori), 즉 자아-의식(ego-consciousness) 자체를 부여하는 하나의 선물로 시작한다. 프로메테우스는 그들의 당황함과 꿈같은 혼동으로부터 인간들을 구제했다. 그리고 그들을 그들의 마음의 주인으로 만들었다.

그러나 문제는 바로 여기에 있다. 즉, 인간성을 자신의 영혼의 발(psychic feet) 위에 놓음으로써, 프로메테우스는 동시에 인간성과 신들 사이의 선험적인 관계를 파괴시켰다. 이것은 또한 인간들이 그들의 운명의 최고 주인이라는 환상을 촉진시켰고, 그리스 문화의 주된 죄인 교만(hubris)을 부추겼다. 인간들은 곧 프로메테우스처럼 되었고 올림포스의 신들에게 반항한다.

프로메테우스의 또 다른 하나의 선물은 그가 환상을 변호하고 지지한다는 점이다. 즉, 그는 인간들이 그들의 죽음을 예견하는 것을 멈추게 하였고, 죽을 수밖에 없다(mortality)는 직관을 맹목적인 희망으로 대체시켰다(250-252).

프로메테우스는 여러 측면들에서 자율적인 자아 콤플렉스처럼 행동하고, 처음에는 독선적인 분노로 가득 찬 칭찬할 만한 동기들이었던 것에서 너무 멀리 나아갔다. 그는 한계를 넘고, 너무 많은 것을 했으며, 가부장적 권위를 자신의 권위로 대체하려는 경쟁심으로 참을 수 없었다. 테미스에 뿌리를 두었고, 원래 달의 양심과 정의감에 의해 동기부여 되었지만, 항상 그것의 주인이라는 환상과 맹목적인 희망을 가지고 가장 큰 자기기만과 교만으로 살아가면서, 프로메테우스의 의식은 합리성의 가장으로 끝난다("나는 내 마음의 주인이다."). 이것은 어느 정도는 인간들에게 필요하지만 그 균형이 적절해야 한다. 정확하게 요구되는 것, 즉 정의감과 균형감각을 대변하는 테미스의 아들, 프로메테우스의 의식에는 균형감, 무엇이 적합한지에 대한 감각이 결여되었고, 결국 프로메테우스는 반란의 굴레를 쓰고 함정에 빠졌다.

프로메테우스의 분노 속에는 정신병이 만연한다. 그러나 여기가 역설적이게도 지난 수세기 동안의 인간주의적 반종교적 발달이 서구 문화에 정착하게 된 곳이다. 독단적 종교와 교회의 절대적 권위에 대항한 칭찬할 만하고 이해할 만한 반란으로서 시작했던 것이 서구 사회들에 교만의 심리적 태도를 낳았고, 정신의 원형적 힘에 대한 불경을 낳았다. 해의 측면이든 달의 측면이든, 양심은 근대적 정신에서는 설 자리를 잃었는데, 거기서는 오직 도구적, 이른바 합리적 고려들만이 무게를 가진다. 이것은 역시 대부분의 근대 정신치료에도 타당하다. 여기서도 죄책감과 수치심이 그것이 출현한 이유들을 검토하지 않고 제거될 수 있는 문제로 다루어진다. 그것들은 자아 발달의 결여의 징후로 기록되었다. 근대의 신조에 따르면, 진실로 성숙한 사람은 양심의 가책을 전혀 겪지 않는다.

언급할 만한 것은, 이 과정에서 프로메테우스는 그의 어머니 테미스를 여러 차례 부르지만 그녀는 한 번도 그에게 대답을 하지 않는다는 점이다. 테미스는 오레스테스, 특히 죽이려는 원한이 격렬하게 폭발하여 극단을 치달았던, 해의 양심을 대변하는, 그의 잔인한 자매인 엘렉트라(Electra: 아가멤논의

딸로서 동생 오레스테스를 설득하여 어머니 클리템네스트라와 그 정부를 죽이게 하여 아버지의 원수를 갚음)에게는 대답하면서도, 달의 양심을 대변한 프로메테우스에게는 정도에 빗나가게 침묵하였고, 아마 부끄러워했을 것이다. 전자의 경우에, 아폴론은 그 어머니의 살인적 억압에 도덕적 지지를 보낸다. 후자의 경우, 달의 양심으로서 테미스는 군림하는 아버지에 대해서 반항해야 한다는 도덕적 주장을 지지한다. 만약 첫번째의 경우에서 우리가 양심의 작용을 억압하는 자로 본다면, 다음의 경우에서 우리는 그것을 역설적으로 정신병과 무법을 암암리에 촉진하는 자로 본다. 두 경우들에서, 이어지는 재앙들이 해의 양심과 달의 양심 사이의 불화의 관계로부터 나타난다. 사이가 좋지 않게, 그것들은 서로에게서 최악의 것이 생겨나게 한다.

　마음속에서의 프로메테우스적인 움직임은 달의 양심에서 시작하는데, 그때는 그것이 불의와, 심적 우주의 억압받고 무시된 요소들을 지각하고, 그 요소들을 포함시키려는 의도를 가지고, 다른 부분들을 배제시키지 않기 위해서 자아에 의해 지배되는 공간을 확대시키는 방향으로 관심을 바꾸려 할 때이다. 그러나 양심의 태양 같은 측면이 그것의 권위와 법을 고집하면서, 이런 팽창주의적이고 에로스 지향적인 운동에 적대적일 때, 달과 같은 충동은 자기독선, 자기연민, 근시안, 정신병적 반항으로 가득 찬 격렬한 경쟁으로 돌입하는 전투력으로 바뀐다. 정의의 외침은 억압받는 자들의 전투의 외침이 된다. 이제 달의 양심은 한계를 넘어 그것의 자식들을 위해 모든 것을 너무 잘 옹호하며, 결국 양극화와 갈등의 곤경을 만들어낸다. 법은 정의를 다리 위에서 만나고 전투가 벌어진다.

이것은 지배적인 형태 속에 강한 긴장을 야기한다. 그곳에서는 '낮고' '열등한' 측은 위풍당당하고 자기가 결정한다는 환상을 먹고 살며, 그것의 사회적 관습과 전통과의 관계를 무시하며, 기만과 잔꾀의 기술을 행사한다. 여기서 법과 초자아적 제한의 절대주의들을 해소시키고, 그들의 불가변성을 완화시키려는 달의 양심의 운동은 하나의 균열을 만들어내고 다른 노선의 엄격함을 만들어냄으로써 그 자신의 목적을 좌절시킨다. 예를 들어, 이것은 권위적인 마르크스주의자의 엄격성이다. 마치 달의 양심이 역전되어 버린 것 같다.


## 다시 살펴본 제우스

만약 해의 양심의 이미지로서 제우스가 권력과 권위를 유지하려고 급급하며, 모두에 의해 지켜져야 할 법으로 의견들을 공표하는 그의 이전의 아버지들, 크로노스와 우라노스를 닮았다면, 그는 또한 몇 가지 중요한 면에서는 그들과 다르다. 가장 중요한 것은, 그는 그들처럼 그의 자식들을 억압하지도 않고 먹어버리지도 않는다. 이는 그의 측면에서 보면 권력-불안이 덜함을 의미하고 더 자유로운 통치체제를 의미한다. 올림포스에서 제우스는 논쟁을 허용하고 다른 의견을 허용한다.

스스로 최종적 결정을 내릴 특권을 가지고 있지만, 그는 자비로운 온정주의의 유연성을 보여준다. 그러나 프로메테우스의 경우에서나, 티탄들과 거인들과 혹은 티폰(Typhon: 백 개의 용 머리를 가진 괴물)과, 그가 치른 전쟁들에서처럼, 그의 권위에 대한 최종적인 도전이 다가오면, 그는 주저 없이 번갯불을 내뿜고 그의 막강한 무기고의 모든 무기들을 가지고 스스로를 방어한다.

위협을 미리 경고하면서, 제우스는 그의 장래의 라이벌의 탄생을 예방하기를 바라면서 그의 첫째 부인인 티타니스(Titaness: 티탄의 여신) 메티스(Metis)를 먹어버린다. 그러나 이런 '통합(integration)' 행위는 예상외의 결과를 가져온다. 어느 날 제우스는 머리가 뻐개지는 두통을 느끼고 곧 그의 머리를 통해서 아내의 자궁에 있었던 태아를 낳는다. 아버지의 머리로부터 태어난 이 아이가 바로 완전한 아버지의 딸 아테나(Athena)이다. 신화에 따르면 아테나는 그의 아버지의 좋은 친구이자 가장 가까운 충고자의 하나가 된다.

이 신화적 이야기는 해의 지배자 속에서의 달의 양심의 발달을 말해 준다. 말라무드(Malamud)가 「아마존 문제(The Amazon Problem)」에서 지적하고 있듯이, 아테나는 반사작용을 일으킨다. 즉, "그녀는 그(즉 영웅)를 반사작용을 통해 혼돈적인 영향으로부터 멀리하도록 돕는다."(Malamud, 1971, p.7) 아테나는 제우스가 지배하는 마음속에, 해의 지배자에서의 심판하는 요소를 완화시키는 반사작용의 내재성의 요소를 도입시킨다. 그러므로 그녀는 달의 양심의 더욱 고전적 대변자들의 그것과 같은 방식으로 기능하면서, 엄격한 해의 법이 지배하는 절대주의들을 상대화시키는 동시에, 그렇지 않으면 무시당하거나 거부될 인물들을 포함시키기 위해 지배적인 태도의 내면을 확대시킨다. 그녀는 도시들의 그리고 영웅들의 보호자로서의 그녀의 역할 속에서 이런 기능을 수행한다.

제우스와는 달리, 아테나는 인류의 일들에 더 생생한 관심을 가진다(Kerenyi, 1988, p.128). 더욱이 오레스테스의 비극적 운명에 개입하여 그의 역경에 해결책을 제시하는 자가 아테나이다.

> 오레스테스, 한때 내가 당신을 구했지.
> 내가 아레스(전쟁의 신)의 언덕에서 조정자였을 때
> 그리고 당신 편에 투표함으로써 그 관계를 깨었을 때
> 이제 평등하게 나누어진 평결을 얻는 자가
> 그의 사건에서 이기는 것이 법이 되게 하자.
> (Euripides, *Iphigenia in Taurus*, 1471-1475)

이 대사에서의 자비에 대한 언급들은, 삶의 가능성들을 보존하려는 데 대한 편견을 나타내면서 정의의 문제들에서 달의 양심이 기능하는 것을 아테나가 선호한다는 점을 보여준다.

만약 어느 면에서 아테나가 올림포스의 제우스 지배의 세계 속에서 달의 양심의 역할을 가진다면, 이 기능은 그녀의 아버지에 대한 그녀의 의심 없는 충성에 의해 많이 제한된다. 말라무드가 언급하듯이, "아테나 … 는 그의 아버지 제우스에

속한다. 파르테노스(Parthenos: 처녀신 아테나)는 그녀 자신이
아버지에 순종한다고 반복해서 선언한다."(1971, p.7) 『에우
메니데스(*The Eumenides*)』에서 아이스킬로스는 아테나로 하
여금 그녀가 오레스테스에 대해 판결을 내릴 때 다음과 같이
말하게 한다.

> 여기서 최종 판단을 내리는 것이 나의 임무이다.
> 이것은 내가 오레스테스에게 던질 한 표이다.
> 나를 태어나게 한 어머니는 어느 곳에도 없다.
> 그리고, 그러나 결혼을 위해, 나는 항상 남성 편에 선다.
> 모든 나의 마음을 다하고 강하게 나의 아버지의 편에 서서.
> (734-738)

그러므로 아테나는 그녀의 주장들과 목표들이 해의 지배에
순종하는 것으로 남는다는 점에서 힘없는 달의 양심을 대변
한다. 아테나는 달의 양심의 멀리 영향이 미치는 정연한 주장
들을 구체화하지 못한다. 아테나가 최종적으로 하고자 하는
것은 **하나로서의 세계**(unus mundus)를 대변하는 일이다. 오
히려 그녀는 양심의 태양과 같은 측면에 서서, 더 심층적인
수준에 의해 제기된 최종적인 도전들을 수용하지 않고 그것
의 달과 같은 측면들의 일부를 통합하려는 노력을 대변한다.
아테나는 제우스의 지평을 확대시키며, 부계적 우주를 내면화
시키고 부드럽게 하지만, 근본적으로 올림포스의 전제들에 도
전하지 않는다. 대신에 그녀는 그를 지지하고 그의 의식의 세
계에 전략적 반성과 내재성의 계기들을 도입시킨다.

158

## 제우스와 테미스의 결혼

해의 양심과 달의 양심의 진정한 통합의 이미지는 제우스의 테미스와의 결혼 이야기에서 살펴볼 수 있다. 그리스 신화 연구자들에 따르면, 테미스는 제우스가 메티스와 결혼한 이후 그리고 헤라(Hera)와 결혼하기 이전에 결혼한 둘째 부인이었다. 그녀는 이후 제우스가 헤라와 결혼할 때 상담자의 역할을 맡는다. 제우스에 대한 호메로스(Homer)의 찬가는 테미스를 올림포스 지배자에서 제외시킨다.

> 나는 가장 선하고 가장 위대한 신, 제우스에 관해 노래할 것이다.
> 멀리 내다보고, 힘 있고, 테미스가 그에게 기대어 앉아 있을 때 그녀에게 털어놓은, 빈틈없는 음모의 계획을 완수하는 자.
> 자비롭고, 멀리 내다보는 크로니데스(Kronides), 가장 영광스럽고 위대하도다!

테미스는 그녀의 지혜를 가지고, 그리고 만능의 제우스의 의지마저도 무력하게 만드는 자연의 법칙에 관한 깊은 지식과 존중을 가지고, 제우스의 힘을 진정시킨다. 티타니스로서 그녀의 뿌리는 올림피아 이전 시대의 원시의 세계에 놓여 있고, 밖으로는 확대되어 전 우주의 최종적 작용들을 바라보는 우주적 시각을 포함한다. 제우스의 아내이자 상담자로서 그녀는 역시 그의 거울이며 지지자이다. 어떤 하나의 신화 속에서, 그녀는 실제로 아기 제우스의 보모 역할을 하며, 이미 그때 그에게 법과 정의에 대한 존중을 가르친다(로셔를 참고하라).

다른 신화들에서도 제우스와 테미스의 관계와 비슷한 내용들이 있다. 바그너의 반지 연작(Wagner's Ring)에서 에르다(Erda)가 땅속에서 올라와서 보탄(Wotan)으로 하여금 그의 한계를 넘지 말라고 충고할 때, 그녀는 테미스의 기능을 수행하고 있다. 성서에서 소피아(Sophia)는 여호와(Yahweh)에 대한 관계에서 유사한 기능을 가진다. 융은 그의 책『욥에 대한 대답(Answer to Job)』에서 이 관계를 광범위하게 다루면서, 소피아에서 "창조 이전에 존재했던 여성적 자연의 다소간 실체화된 성령"을 본다(1952, par. 609). 테미스처럼 여성적 지혜(Wisdom)를 가진 성경 속의 인물은 원시적 시대로 거슬러 올라간다. 더욱이 "우주를 창조하는 성령으로서 그녀는 하늘과 땅과 모든 창조된 것들에 스며든다." 그리고 신의 영원한 정의를 대변한다(ibid., pars. 612, 614). "사랑받는 어머니(the mother-beloved)"로서 소피아는 이교도 도시의 여신 이시타르(Ishtar)의 한 반영이며, 세계 건설자로서 그녀는 마야(Maya: 환상의 세상을 만드는 여신)의 성격을 지닌다(ibid., pars. 612, 613). 여호와의 욥에 대한 대우에서 융은 "소피아의 회상(anamnesis of Sophia)"의 필요성을 본다(ibid., par. 617). 그것은 우리로 하여금 제우스의 프로메테우스와의 난국을 회상하게 하며, 거기서 테미스 역시 분명히 올림포스의 상담자들 속에 속하지 못했다.

가장 중요한 것은, 테미스가 제우스에게, 소피아가 여호와에게 가져간 것은 인류에의 공감적이고 사랑하는 관계이다.

여호와의 그의 선택된 민족과의 관계와 그의 '신부' 이스라엘 (Israel)과의 관계에서 에로스가 부재함에 대해, 융은 다음과 같이 언급한다.

여호와의 이스라엘과의 결혼의 바탕은 우리가 '에로스'로서 알고 있는 그런 종류의 관계를 제외시키는 완전주의적인 의도이다. 에로스의 결여, 가치관과의 관계의 결여는 욥기(the Book of Job)에서 분명히 나타난다. 즉, 모든 창조물 중 가장 일품인 존재는 인간이 아니고 괴물이다! 여호와는 어떤 에로스도 가지지 못하고, 인간에 대해 어떤 관계도 가지지 못하지만, 그러나 오직 인간이 그로 하여금 완수하는 데 도움을 주어야 할 목적에 대한 관계만을 가진다. … 그의 백성의 충실성은 그가 지혜를 더 많이 잊을수록 그에게 더 중요한 것이 된다. (1952, pars. 621-622)

인류에 대한 제우스의 태도는 여호와의 그것과는 아주 다르다. 제우스는 단순히 근본적으로 관심이 없고 무관하다. 소피아와 테미스는 이런 태도의 철저한 수정을 요구한다.

'완전주의적인 의도'는 해의 양심의 특징이다. 전체성을 유지하려는 의도 그리고 완전성을 얻으려는 의도는 달의 양심의 핵심 가치들을 표시한다. 융이 언급하듯이, 둘 중 어느 것도 충분하지 않다. "완전주의는 항상 맹목적인 길로 끝나는 반면, 완전성 자체는 선택적 가치들을 결여한다."(1952, par. 620) 테미스와 제우스의 결혼에서, 우리는 어떻게 이런 두 가지 서로 본질적으로 다른 태도들이 힘을 모으고, 영구적인 갈등보다는 제휴하여 작용할 수 있는지를 볼 수 있다.

우리의 논의의 맥락에서 본다면, 제우스는 양심의 해의 측면, 왕을 대변한다. 해의 양심은 개인의 자아-의식과 사회의 심층구조를 지배하고 통제하는 원형적 양식에서의 일종의 중심축을 만들어낸다. 이것은 사회의 법적 전통이며, 개인 속의 준법성의 요소이다. 이 왕의 요소는 그것의 권위에의 도전에 대단히 민감하다. 그것은 그 법을 어기는 자에게 대한 공격으로 쉽게 바뀐다. 그것은 망상적인 생각을 하고 작은 일에 구애되는 법적 반추에 빠지는 경향이 있다. 그것은 그들이 의식과 사회에 개입할 때 다른 가능성들의 유입을 검열하고 억압한다.

양심의 태양과 같은 측면은 집단성(collectivity)을 창조하기도 하고 그것을 시행하기도 한다. 한 집단의 집단의식은 그 아래에서 그 집단이 생존하는 원형의 태양과 같은 구성요소로부터 생긴다. 그런데 그 집단은 나름대로의 행위 규범들과 경험에 대한 공유된 이해들, 그리고 그것의 공동의 법칙들을 가진다. 그 집단의식이 개인 속에서 내부적으로 시행되는 해의 양심의 기능을 통해서 가능하다. 사회의 전통들의 틀 속에서의 준법성을 주장함으로써 해의 양심은 문화에 고도의 안정성과 견고성을 부여하며, 그것은 그 개인에게 일반적으로 성격이라고 불리는 것을 창조하고 지지한다. 교활하고 이기적인 자아는 포용되고, 그 자리에서 의무로 고수된다. 그리고 이제 해의 양심의 보호 아래 오늘인 것과 어제였던 것이 내일인 것으로 간주될 수 있다. 그러한 거대한 내구성과 끈기를 가지고 원형적 공간과 사회적 전통을 물들인다.

그러나 그 그림을 복잡하게 하는 것은 누구도 하나의 원형적 양식 속에 전적으로 살아갈 수 없다는 현실이다. 사람은 삶에서 수행할 서로 다른 역할들을 가지며, 각자는 그 자신의 태도와 행위의 전형적인 양식들을 가진다. 각자는 또한 해의 양심의 구성요소를 가진다. 그래서 사업가는 그가 이윤을 추구할 때 그의 직업적 삶의 기준에 따라 살며, 남편은 가정을 먹여 살리고 아내에게 성실하다. 또한 스포츠인은 게임의 규칙들을 어기지 않고 게임에서 승리한다. 해의 양심은 이런 다양한 양식의 삶에서 큰 업적을 올릴 것을 압박하며, 심지어 두 가지 혹은 그 이상의 역할들이나 양식들이 상충할 때 의무의 갈등들을 해소하기 위해 적용될 수 있는 누구나 지켜야 할 업적의 원리들을 제시한다. 해의 양심은 배제의 과정에 의해 의무의 갈등들을 해결한다. 누구나 하나의 양식(남편 혹은 애인, 평화주의자 혹은 군국주의자, 자본주의 사업가 혹은 사회주의 기독교인)을 선택해야 한다. 그 선택은 해의 양심이 어느 원형에서 더 강한지를 보여준다. 해의 양심은 각각의 원형적 공간에서의 도덕적 요소들을 발굴하고 다듬는다.

달의 양심의 이미지인 테미스도 또한 다양한 원형적 양식들 속에서 움직이지만 그녀의 해의 상대자의 그것과는 다른 방향으로 움직인다. 달의 양심은 배경에서 다소간 조용하게 작동하는 경향이 있으며(프로메테우스의 분노가 증명하듯이, 화가 난 경우를 제외하고), 태양의 절대주의와 확실성을 손상시킨다. 그녀는 자연 그대로의 개인을 목표로, 무시되어 왔던 것을 포함시키려는 의도를 가지고 태양과 같은 명령을 상대화시킨다. 해의 양심이 한 쌍의 갈등하는 자들 중에서 하나를 배제시키고 둘 중 하나를 선택하는(either/or) 결정을 고집하는 반면, 달의 양심은 그 배제된 타인에 관해서 항상 괴롭히는 문제를 결코 제기하지 못함으로써 반대의 방향으로 움직인다. 달의 양심의 가치는 가능한 한 많은 것을 포용하는 것이다.

프레허(Dionysius A. Freher, 1649-1728)는 그의 『상징 역설(*Paradoxes Emblemata*)』에서 원의 중심과 원주의 의미를 다음과 같이 숙고했다.

원주는 셀 수 없는 많은 점들로 이루어지며, 매우 많은 특별한 것들에 적합하게 대답하며, 각각으로부터 구별되고 확인될 수 있으며 각각의 곁에 수나 순서에 따라 놓인다. 그러나 원의 중심은 오직 하나의 개별적 점이다. 양에 관해서는 나머지의 어떤 것보다 더 크며, 질에 관해서는 모든 것 중에서 가장 중요하며, 어느 의미에서는 모든 원주상의 점들을 모두 합한 것만큼 크다. 아니 다르게 설명하면 심지어 무한히 더 크다. 왜냐하면 모든 원주상의 점들이 오직 원심에 의존하기 때문이다. 그것들이 존재하고 소유한 모든 것들은 그 하나, 즉 원심으로부터 존재하고 가지는 것이다. (Hirst 1964, p.186에서 인용)

우리의 논의에 적용된다면, 원심과 원주를 가진 한 원의 이미지는 양심의 해의 구성요소와 달의 구성요소 간의 관계를 개념화시키는 하나의 모델을 제공할 수 있다. 각각이 그것의

164

특별한 공간을 갖고, 구별되는 특이점을 가진 그 원의 원주상의 다양한 개별적 점들은 다양한 원형적 양식들과 일치한다. 그런데 우리는, 해의 양심이 지지하고 설명하는 그 자신의 윤리적 구성요소와, 그 자신의 완벽성, 그것의 법칙 등을 가진 양식들을 통해 삶의 과정에서 이동하는 것이다. 원심의 영향 — 우리의 유비에서 달의 양심 — 은 분리된 부분들의 모두를 개별 점들의 어느 것도 지우지 않고 하나의 총체성의 양식으로 연결짓는 것이다. 그러나 원주상의 점들 중 하나가 모든 것의 지배자로 자리를 잡고자 하자마자 원심은 원주상의 다른 점들에 그 원주상의 점을 병합시킴으로써 그것을 손상시킨다. 그래서 그것은 완전성의 위해서 밖으로 혹은 위로 그 원을 팽창시키려는 해의 경향에 반하여 작동한다. 달의 양심은 전체적인 우주를 원하지, 우주 속의 완벽한 토대의 한 점을 원하지 않는다. 모든 팔다리를 손상되지 않은 채 가진 원형의 사람을 원하지, 하나의 머리나 하나의 눈만을 원하지 않는다. 그것은 모든 부분들의 연관을 유지하면서 다원주의의 정신을 대변한다.

달의 양심은 해의 '분리하는(splitting)' 해결책에 기꺼이 복종하지 않음으로써 그리고 대신에 둘 다를 선택하는(both/and) 입장을 주장함으로써 통합을 유지할 뿐만 아니라 의무의 갈등을 만들어낸다. 의무의 갈등들은 전통적으로 도덕적 결의론의 책을 참고함으로써 해결되어 왔다. 그 책 속에는 책임의 서열이 개괄되어 있고 규칙들에 대한 예외들이 예시되어 있으며, 규범 위반의 상황이 설정되어 있다. 끝에는 하나의 해결책이 있다. 그러한 작품은 해의 양심의 창조물이다. 태양은 작업하느라고 분주해 왔다. 즉, 제일 원리에서 출발하여, 의무들이 나누어지고 그것들의 상대적 중요성, 가치서열에서의 그것들의 위치, 그것들의 상대적 주장들, 그것들의 법적 입장에 따라서 세분된다. 이런 작업의 목적은 복합적인 세계에서 도덕적 완전성을 약간이라도 회수하고자 하는 것이다. 그러나 규범들과 법들의 그러한 도덕체계를 글자 그대로 엄격하게 따르는 어떤 사람을 고려하고, 무의식적인 것, 꿈들, 환상들, '일상적 삶의 정신병리'(잘못 말하기) 등을 바라보라. 그러면 다른 그림이 나타날 것인데, 거기에는 성적 충동이 작용하고 있을 것이다. 성 아우구스티누스(St. Augustine)는 자신이 자신의 꿈에 대해서 책임을 지지 않음을 감사했다.

윤리적 갈등들을 시들게 하는 것은 하나의 해의 양심 속에서의 경쟁하는 다양한 이해관계들로부터 생길 수 있다. 내가 착한 남편이어야 하는가? 아니면 충실한 연인이어야 하는가? 책임 있는 사업가여야 하는가? 아니면 도덕적 시민이어야 하는가? 그런 갈등들은 때때로 합리적 성찰에 의해 해결될 수 있고, 결국 하나의 태양과 같은 이상(ideal)이 다른 이상을 이길 것이다. 그러나 마찬가지로 무의식이 도덕적으로 진지하게 고려될 때 갈등의 왜곡이 일어난다. 그 경우에 당신이 어느 방향으로 돌든, 무엇을 결정하든, 태양을 위하든 달을 위하든, 그 해결책에는 어떤 도덕적 만족이 없으며, 어떤 명백한 양심의 감각도 없다. 어떤 것은 항상 빠뜨려지며, 어떤 삶은 살아지지 않거나 어떤 도덕규칙은 잘못된다. 오레스테스에게, 도덕적 딜레마에 대한 어떤 완벽한 대답이 없다.

그러한 활기 없는 진지성을 가지고 달의 양심의 목소리를 들었기 때문에, 융은 그의 성인의 삶 대부분 동안 이런 유형의 갈등을 겪었다. 그는 자서전에서 다음과 같이 적었다.

> 무의식적인 것의 이미지들이 한 사람에게 큰 책임을 지운다. 그것들을 이해하지 못함이나 윤리적 책임의 회피는 그에게서 그의 전체성(wholeness)을 박탈하고 그의 삶에 고통스러운 파편성(fragmentariness)을 부여한다. … (1961, p.193)

그러나 만약 이런 이미지들을 무시하는 것이 삶에 '고통스러운 파편성을 부가한다면', 그 이미지들을 책임지고 그것들이 일으키는 도덕적 갈등을 경험하는 것 역시 무거운 짐을 부가한다. 이 점에 대해 융은 그의 친구, 도미니크회 사제 빅토르 화이트(Victor White)에게 보낸 편지에서 다음과 같이 말했다.

> 당신이 그것(즉, 무의식적인 것)에 대해 더 많이 알수록 당신의 도덕적 짐은 더 크고 더 무거워진다. 왜냐하면 그 무의식적인 내용들이 의식적인 것이 되자마자 당신의 개인적 임무와 의무로 바뀌기 때문이다. 당신은 고독과 오해가 증가하기를 원하는가? 당신은 더욱 더 많은 복잡성과 증가하는 책임을 발견하기를 원하는가? (1975, p.172)

이 말에서 우리는 융이 해의 양심과 달의 양심의 결혼에 거주하는 갈등을 참아낸 결과로서 지속시켰던 도덕적 고통의 일단을 듣는다.

만약 달의 양심의 무시가 삶에 '고통스러운 파편성'을 부가한다면, 우리가 달에만 매달리고 태양에 대한 의무를 무시하고 해의 양심을 억압함에 의해 완전성을 추구한다면 무슨 일이 일어날까? 이 이동은, 준법성과 사회규범에의 복종의 요소가 명백하게 없기 때문에 '도덕적 요소를 억압하는 것' 혹은 '무의식적인 것 속에서 헤엄치는 것'으로 일반적으로 알려져 있다. 만약 이 선택이, 아버지와 사회에 대한 애착이 너무 약하기 때문에, 태양의 편으로부터 어떤 가시적이고 의식적인 저항을 만나지 않는다면, 여전히 많은 가능성들과 이미지들에서 근거 없이 떠다닌다는 심리적인 문제가 남는다. 이 구조는 거기에 있지 않다. 달(Luna)은 정신이상적인(lunatic) 것으로 변할 수 있다. 융은 위의 편지에서 이 점을 다음과 같이 언급한다.

그러나 누구나 동시에 의식적인 등가물을 통해 그것을 균형 있게 만드는 법을 배우지 않기 때문에, 더 많이 아는 것이 곧 위험스럽게 된다. 이것이 헉슬리(Aldous Huxley)가 한 실수이다. 즉, 그는 그가 그의 주인으로부터 유령들을 부르는 법을 배웠지만 그들을 다시 제거시키는 법을 알지 못했던, '마술 가르치기'의 역할을 하고 있다는 것을 모른다. (ibid., p.173)

그래서 양심에서의 해의 요소가 가진 이런 유형의 회피와 억압으로부터 우리는 전체성과 완전성을 실현할 수 없고, 대

168

신에 과도한 무의식적인 내용들을 실현한다.

우리는 이제 상당히 명백한 결론에 도달한다. 즉, 다른 것을 배제하면서 달의 양심이나 해의 양심 어느 하나의 명령을 따르는 것은 심리학적으로 받아들일 수도 없지만 윤리적으로도 비난할 만하다. 도덕적으로 엄격하게 둘 다를 택함으로써 제기되는 갈등을 받아들이고 견디는 것은 그 갈등이 어떤 확정적인 해결책을 가지고 있지 않기 때문에 높은 가치를 필요로 한다. 그러므로 그의 측근에서의 테미스를 상담하는 제우스의 이미지는 장밋빛 유리를 통해(낙관적으로) 보아서는 안 된다. 즉, 그들이 결국 잘 해내었다면, 지금부터의 달콤한 화합은 얼마나 멋질까? 왜냐하면 그들 사이에는 지혜가 교환되고, 지혜는 어떤 희생을 치르고 다가오며, 연금술사들이 말했듯이 달콤한 맛이 아니라 짠맛을 가지기 때문이다.

테미스와 대화하는 제우스의 이미지에서, 우리는 많은 주고받기(give and take)를 상상해야 한다. 대부분의 문제들에서, 제우스는 지배하고 결정하는 반면, 테미스는 지배적인 태도에 더 넓은 전망이 가진 부드럽게 하고 상대화시키는 기운을 가져다준다. 그 상담에서 영혼과 본능이 균형을 이룬다. 이 대화는 반드시 그것을 거부하거나 억압하려 하지 않으면서 해의 양심의 엄격성과 확실성을 느슨하게 한다. "나는 횡단보도에서 건너야 하는가?" "그래, 그러나 당신은 마치 자연의 법칙을 따르고 있는 것처럼 해서는 안 될 것이다." 테미스에 의해 주어진 이런 느슨하게 하는 영향은 우리로 하여금 해의 양심이 스스로 부과하는 강제성이 없이 자기(self)나 문화의 지배적인 양식의 규범들을 시행하도록 허용한다. 해의 양심에 의해 이루어지는 모든 도덕적 결정에서, 테미스는 거부되어 왔던 것에 대한 그녀의 눈을 가진다. 그리고 제우스의 기분이 더욱 경직되고 더욱 엄격해질수록 테미스의 저항은 더 날카로워진다. 그래서 어느 날 착한 시민이 거리의 중앙에서 횡단해야 하는 저항할 수 없는 강제성을 발견하고 "빌어먹을 횡단보도, 나는 자유인이야."라고 말할 것이다. 우리가 앞에서 살펴보았듯이, 이 역동성은 쉽게 과대망상증과 정신병일 정도로 강한 프로메테우스의 현상이 될 것이다. 그러나 제우스와 테미스의 대화가 깨어졌을 경우에만 그럴 것이다.

만약 일상적 삶의 대부분의 도덕적 결정들에서, 해의 양심이 길을 인도하고 달의 요소가 부드럽게 하고 상대화시키는 기운을 첨가한다면, 역시 주요한 윤리적 선택이 요구되는 삶의 위기 시점들이 다가올 것이며, 제우스와 테미스 간의 대화는 깊어져야 할 것이다. 제우스는 이 순간까지 지배했던 양식을 보존하고자 할 것이며, 권력과 권위에 관한 그의 불안이 그의 주장의 측면에 강도를 더할 것이다. 그는 일반법과 전통을 보존하고자 원한다. 다른 한편 테미스는 운명을 맡은 세 여신(Fates)에 연관되고, 궁극적으로 자연적 질서를 지배하고 제우스는 그들의 결정들을 통제할 수 없고 흔들 수 없는 그러한 힘들에 연관된다.

여기서 태양과 달의 갈등은 깊어진다. 준법성과 정의는 대결하며, 의무들의 경쟁이 가장 고통스럽고 날카로운 단계에 들어간다. 한편에서는, 해의 양심이 지금까지 자아를 지배했던 낡은 충절들과 규범들을 고집한다. 즉, 낡은 자아-이상이 그것의 금빛의 광채를 드러내기 위해 닦이고 양지에 서게 된다. 운동과 변화의 동기들은 오로지 이기적인 권력 충동, 어린애 같은 소원성취, 과장으로서, 가장 음산한 모습으로 드러난다. 죄책감의 징조가 불쑥 나타나며, 가벼운 죄책감 — 소수의 양심의 가책들 — 이 아니고 고통에 몸부림치게 하는 세계의 분위기이다. 다른 한편, 달의 양심은 미지의 것으로 이동할 수밖에 없음을 주장한다. 당신이 당신의 생명을 잃지 않는다면 당신은 그것을 발견할 것이라고 그녀는 말한다. 권력을 포기하라. 금반지로부터 벗어나라. 열등한 것은 거부되지 않을 것이며, 그것 속에 악이 있을 뿐만 아니라 생명의 힘도 있다. 아이 속에는 유아적인 것뿐만 아니라 새로운 에너지와 미래가 있다. 격동 후 새로운 세계가 도래할 것이다.

이런 딜레마에서 해의 양심을 따르는 것은 생명에, 융이 말한 '고통스러운 파편성(painful fragmentariness)'을 부여하고, 자신의 운명을 회피하고, 그 후 열정과 더 깊은 의미가 없는 세계 속에서 공허한 인간으로 살아가는 것일 것이다. 달의 양심만을 따르는 것은 죄책감이라는 응징, 낡은 삶의 양식의 죽음을 수반하는 격동, 하고 있는 일이 '옳은 것'이라는 확실성이 없음 등을 초래하는 것이다. 루터(Luther)가. 신을 위해 자신의 선택을 내리고, 가능한 몇 마디의 말만 하면서, 웜즈 회의(Diet of Worms)에 참석했던 것은 그런 딜레마였다. 그 가능한 몇 마디 말은 다음과 같다. 즉, "여기 나는 서 있다. 나는 어쩔 수가 없다. 그래서 신이 나를 돕는다(Hier stehe Ich,

Ich kann nicht anders, so helfe mir Gott)."

일본 영화 「반란(Rebellion)」은 18세기 일본의 한 여인에 관한 이야기인데, 그 여인은 한 부족장의 아들을 낳았고 다른 첩을 위하여 그 궁전을 떠날 수밖에 없었다. 지위가 더 낮은 귀족의 아들에게 시집보내진 그녀는 그와 깊은 사랑에 빠졌고 그도 그녀를 깊이 사랑했다. 3년이 지나고 그녀의 아들이 그 족장의 후계자가 될 것이 분명해지자, 그녀는 궁으로 돌아와서 정부인의 자리를 다시 차지하도록 명령을 받았다.

이 비인간적인 상황이 만들어낸 갈등은 그녀에게 큰 압력으로 다가온다. 만약 그녀가 되돌아간다면 사랑하는 새 남편을 잃을 것이다. 만약 돌아가지 않는다면 족장은 그녀가 사랑하는 사람과 가족 전부를 파멸시킬 것이다. 그의 남편과 시아버지는 그녀가 족장에게 돌아가서는 안 된다는 입장을 취한다. 나머지 가족들은 그들 스스로의 안전을 경계하면서 돌아가기를 주장한다.

의논을 하기 위해 그녀의 식구들과 남편의 식구들이 조그만 방에 모이는 장면이 있다. 그녀와 그녀의 아버지는 서로 마주 앉고, 다른 식구들은 모두 그들 주위에 둘러 앉아 있다. 지금까지 그녀의 삶을 절대적으로 지배해 왔던 그녀의 아버지는 그녀가 궁궐로 되돌아가기를 설득하려고 시도한다. 그녀는 거절하고, 아버지는 분노로 얼굴을 붉히면서 그녀가 그들 모두를 망하게 할 것이라고 말한다. 시어머니와 시숙은 효도의 법칙을 주장한다. 즉, 그녀가 그녀의 아버지의 말씀을 따라야 한다는 것이다. 아버지는 그의 주인이다.

참기 어려운 압력을 받으면서, 눈물을 흘리며 그녀는 말한다. "내 아버지는 내 아버지이시며, 나는 나다. 그래서 나는 돌아갈 수 없다." 이와 함께 모든 운명은 결정된다.

　　해의 양심과 달의 양심 사이의 대화에서 테미스가 주도권을 잡을 때, 항상 영혼과 운명의 문제가 쟁점이다. 그의 위협과 도전에 의해서, 제우스는 그 토론을 정직한 것으로 유지시킨다. 그런 거대한 처벌을 시행함으로써, 그는 희생을 진심에서 우러난 것으로 만드는데, 나중에라도 '깨끗한 양심'과 독선적인 도덕적 우월성의 가능성을 가지지 못한다. 하나의 원형으로서의 양심은 또한 하나의 반대들의 통합(unio opposito-rum)이며, 모든 그러한 통합들에서처럼 긴장과 갈등의 거대한 잠재력이 있다. 양심 속에서, 내가 해의 양심 그리고 달의 양심이라고 불렀던 반제들(antinomies)은 결코 평화롭게 휴식하지 않고 영원히 서로 투쟁하면서, 모든 확실성과 도덕적 절대주의를 해치고 도전하고 상대화시킨다. 만약 양심이 우리를 개인화로, 영혼-만들기(soul-making)로 나아가게 만든다면, 그것은 동시에 전체적인 계획에 대한 도전 없이는 그렇게 할 수 없을 것이며, 그런 도전에 의해 양심은 그 개인화 및 영혼-만들기의 추구에 정직과 진지한 겸손의 색조를 띠게 할 것이다.

# 참고문헌

Aeschylus. *The Libation Bearers*. In *The Complete Greek Trage-
dies*, vol. 1. David Greene and Richmond Lattimore, eds.
Chicago: University of Chicago Press, 1992.

_____. *Prometheus Bound*. In *The Complete Greek Tragedies*, vol.
1. Greene and Lattimore, eds. Chicago: University of Chicago
Press, 1991.

Alsop, S. 1972. Commentary. *Newsweek*, October 15, 1972.

Athanassakis, A. N., trans. and ed. 1976. *The Homeric Hymns*.
Baltimore: Johns Hopkins University Press.

Bachofen, J. J. 1954. *Myth, Religion, and Mother Right*. Prince-
ton, N.J.: Princeton University Press.

Bonnet, H. 1952. *Reallexikon der aegyptischen Religionsgeschichte*.
Berlin.

Brandon, S. G. F. 1967. *The Judgment of the Dead*. New York:
Charles Scribner's Sons.

Brown, Norman O. 1966. *Love's Body*. New York: Vintage.

Budge, E. A. 1969. *The Gods of the Egyptians*, vol. 1. New York: Dover.

Cirlot, J. E. 1991. *A Dictionary of Symbols*. New York: Dorset Press.

Eliade, M. 1963. *Myth and Reality*. New York: Harper and Row.

Euripides. *Iphigenia in Taurus*. In *The Complete Greek Tragedies*, vol. 3. Greene and Lattimore, eds. Chicago: University of Chicago Press, 1992.

Farnell, L. R. 1907. *The Cults of the Greek States*. Oxford: Oxford University Press.

Grinnell, R. 1973. *The Alchemical Process in a Modern Woman*. Dallas: Spring Publications.

Guntrip, H. 1989. *Schizoid Problems, Object Relations and the Self*. New York: International Universities Press.

Hamilton, E., and H. Cairns, eds. 1961. *The Collected Works of Plato*. New York: Pantheon.

Harrison, J. 1912. *Themis*. Cambridge: Cambridge University Press.

Hesiod. *Theogony*. In *Hesiod*. Richmond Lattimore, trans. Ann Arbor, Mich.: University of Michigan Press, 1973.

Hesse, H. 1919. *Demian*. London: Paladin Grafton Books, 1989.

Hillman, J. 1970. On senex consciousness. In *Spring*. Dallas: Spring Publications.

Hirst, D. 1964. *Hidden Riches*. London.

Holt, D. 1973. Jung and Marx. In *Spring*. Dallas: Spring Publications.

Ibsen, H. 1965. *The Complete Major Prose Plays*. Rolf Fjelde, trans. New York: Times Mirror.

Ions, V. 1965. *Egyptian Mythology*. New York: Paul Hamlyn.

Jacobsohn, H. 1968. The conversation of the world-weary man with his soul. In *Timeless Documents of the Soul*. Evanston, Ill.: Northwestern University Press.

Jung, C. G. 1931. Problems of modern psychotherapy. In *CW* 16:53-75. Princeton, N.J.: Princeton University Press, 1954.

_____. 1937. Psychological factors determining human behavior. In *CW* 8:114-125. Princeton, N.J.: Princeton University Press.

_____. 1948. The spirit Mercurius. In *CW* 13:191-250. Princeton N.J.: Princeton University Press, 1967.

_____. 1950. A study in the process of individuation. In *CW* 9i: 290-354. Princeton, N.J.: Princeton University Press, 1969.

_____. 1952. *Answer to Job*. In *CW* 11:355-472. Princeton, N.J.: Princeton University Press, 1969.

_____. 1954. Transformation symbolism in the Mass. In *CW* 11: 201-296. Princeton, N.J.: Princeton University Press, 1958.

_____. 1955-1956. *Mysterium Coniunctionis*. In *CW*, vol. 14. Princeton, N.J.: Princeton University Press, 1963.

_____. 1957. Commentary on "The Secret of the Golden Flower." In *CW* 13:1-56. Princeton, N.J.: Princeton University Press, 1967.

_____. 1958. A psychological view of conscience. In *CW* 10: 437-455. Princeton, N.J.: Princeton University Press, 1964.

_____. 1961. *Memories, Dreams, Reflections*. New York: Random House.

_____. 1975. *Letters*, vol. 2. Princeton, N.J.: Princeton University Press.

Kerenyi, K. 1988. *The Gods of the Greeks*. New York: Thames and Hudson.

Kierkegaard, S. 1961. *Purity of Heart Is to Will One Thing*.

London: Fontana Books.

Kohlberg, L. 1973. Continuities in childhood and adult moral development revisited. In *Life-Span Developmental Psychology*, P. B. Baltes and K. W. Schaie, eds. New York: Academic Press.

Malamud, R. 1971. The Amazon problem. In *Spring*. Dallas: Spring Publications.

Neumann, E. 1954. *The Origins and History of Consciousness*. New York: Pantheon Books.

____. 1969. *Depth Psychology and a New Ethics*. New York: G. P. Putnam's Sons.

____. 1974. *The Great Mother*. Princeton, N.J.: Princeton University Press.

Rado, S. 1960. Rage, violence and conscience. In *Comprehensive Psychiatry* 1(6):327-330.

Roscher, W. H. 1924-1937. *Ausfuehrliches Lexikon der griechischen und roemischen Mythologie*. Leipzig: Teubner.

Scholl, R. 1970. *Das Gewissen des Kindes*. Stuttgart.

Schwartz-Salant, N. 1989. *The Borderline Personality: Vision and Healing*. Wilmette, Ill.: Chiron Publications.

Stein, M. 1985. *Jung's Treatment of Christianity*. Wilmette, Ill.: Chiron Publications.

Strauss-Kloebe, S. 1934. *Ueber die psychologische Bedeutung des astrologischen Symbols*. In *Eranos Jahrbuch*.

von Franz, M. -L. 1981. *Puer Aeternus*. Santa Monica: Sigo Press.

von Monakow, C. 1950. *Gehirn und Gewissen* [Brain and Conscience]. Zurich.

Zimmer, H. 1951. *Philosophies of India*. Princeton, N.J.: Princeton University Press.

# 찾아보기

지은이 : 머레이 스타인(Murray Stein)
미국 샌디에이고에 있는 캘리포니아대학의 정신과 교수이며, 샌디에이고 건강 시스템 전문센터의 불안 및 트로매틱(traumatic) 스트레스 프로그램 책임자이다. 미국 불안장애협회의 과학자문위원회 회원으로도 활동하고 있다.

옮긴이 : 박재주
서울대학교 사범대에서 문학사 및 교육학 석사 · 박사 학위를 받고 한국학중앙연구원에서 철학박사학위를 받았다. 현재 청주교육대학교 윤리교육과 교수로 재직 중이며, 동양윤리교육학회 회장과 한국윤리교육학회 부회장을 맡고 있다. 주요 저서로『주역의 생성 논리와 과정 철학』(1999),『동양의 도덕 교육 사상』(2000),『서양의 도덕 교육 사상』(2003) 등이 있고, 역서로는『강한 민주주의』(1991),『중국윤리사상사』(공역, 1997),『주역과 전쟁윤리』(공역, 2004),『윤리탐구공동체 교육론』(공역, 2007) 등이 있다.

해의 양심과 달의 양심
·
2008년 7월 20일 1판 1쇄 인쇄
2008년 7월 25일 1판 1쇄 발행

지은이 / 머레이 스타인
옮긴이 / 박 재 주
발행인 / 전 춘 호
발행처 / 철학과현실사
서울시 종로구 동숭동 1-45
전화 579-5908 · 5909
등록 / 1987.12.15.제1-583호

ISBN 978-89-7775-670-0   03190
값 12,000원